Lambel (Cte de). - Quelques grands hommes de la Nouvelle France. - Paris, J. Lefort, s.d. 8°.

QUELQUES GRANDS HOMMES

DE LA NOUVELLE FRANCE

In-8° 2e série.

SAMUEL CHAMPLAIN

QUELQUES

GRANDS HOMMES

DE LA

NOUVELLE FRANCE

PAR

Le Comte de LAMBEL

Ouvrage orné de gravures.

PARIS
Rue des Saints-Pères, 30
J. LEFORT, IMPRIMEUR. EDITEUR
A. TAFFIN-LEFORT, Successeur
Rue Charles de Muyssart, 24
LILLE

PRÉFACE

Le Catholicisme apporte aux peuples les bienfaits incomparables de la vraie civilisation. Il leur enseigne les vertus les plus bienfaisantes, leur donne les secours nécessaires pour les pratiquer, et leur procure le seul bonheur possible ici-bas. Aussi voit-on prospérer les nations fidèles à ses commandements, et pencher vers leur ruine celles qui ne les suivent pas. Quand l'impiété ou l'idolâtrie domine, l'égoïsme règne en despote. Il sacrifie tout à l'orgueil, aux intérêts matériels, aux jouissances brutales, et il conduit aux abîmes.

Cette loi providentielle est écrite en gros caractères dans l'histoire universelle. Elle est confirmée par les évènements survenus au Canada, depuis que la France en a fait la découverte. Nos lecteurs n'hésiteront pas à le reconnaître, quand ils auront parcouru le résumé que nous leur présentons.

QUELQUES

GRANDS HOMMES

de la Nouvelle France

CHAPITRE I

Notions géographiques sur le Canada : montagnes, lacs, cours d'eau, climat, forêts, richesses minérales, culture. — Histoire naturelle. — Population du pays à l'époque de la découverte. — Caractère des sauvages canadiens. — Qualités, défauts, vices, mœurs, croyances.

Dans la langue des sauvages Iroquois, Canada ou Kanata signifie *réunions de huttes*. Les premiers navigateurs européens qui abordèrent ces lointains parages, prirent le mot pour le nom du pays, et ce nom lui est resté.

Le Canada est une vaste contrée du Nord de l'Amérique; sa superficie actuelle égale presque celle de l'Europe. Elle comprend environ 8,988,000 kilomètres carrés.

Ses limites sont : au nord, le Labrador, le Maine Oriental et la baie d'Hudson ; à l'est et au midi, le golfe Saint-Laurent, le Nouveau-Brunswick, les États-Unis ; à l'ouest, la Nouvelle-Bretagne.

Le Canada se divise en deux provinces distinctes : le Haut et le Bas-Canada. Ces provinces diffèrent entre elles par leur configuration, leur climat, l'origine et les mœurs de leurs habitants. Elles sont séparées par l'Ottawa, affluent du fleuve Saint-Laurent.

Le Haut-Canada, situé au sud-ouest de l'Ottawa, présente une surface assez unie. A l'exception d'un plateau élevé, formant ligne de faîte entre plusieurs lacs, on n'y voit guère que des collines peu escarpées ; la température y est relativement douce : la terre produit à peu de frais ; malheureusement les Anglais y apportèrent autrefois, avec le génie colonisateur, des lois persécutrices qui sévirent longtemps contre les catholiques.

Le Bas-Canada, situé au nord-est de l'Ottawa, est d'une configuration très accidentée. Il s'y trouve plusieurs chaînes de montagnes, parmi lesquelles on distingue : les monts Verts, ainsi nommés à cause des forêts de pins, dont l'aspect ajoute à la majestueuse sévérité du paysage, et les monts Poudreux, couverts d'un perpétuel manteau de neige. Le climat de la contrée est froid ; le sol devient fertile à la condition d'un rude et intelligent labeur. Les colons, d'origine française, y ont conservé les mœurs, les traditions, les croyances, les pratiques qui font l'honneur et la force de leur ancienne patrie.

Le fleuve Saint-Laurent arrose les deux provinces. Il sort du lac supérieur, traverse les lacs Huron, Erié, Ontario, et verse chaque année dans l'Océan 4,300,000 mètres cubes d'eau douce. Sa longueur dépasse 3,000 kilomètres, sa largeur varie de 1 à 90 kilomètres. Grâce au concours de plusieurs canaux, il peut porter de grands vaisseaux sur tout son parcours. Plusieurs fois, dans sa longueur, il lui arrive de changer de nom. Le golfe Saint-Laurent conduit à l'Océan les eaux du fleuve ; il est resserré par des îles, devant lesquelles s'étend le banc de Terre-Neuve, célèbre par les pêches de la morue. Là, chaque année, viennent plus de 35,000 hommes, Américains, Anglais, Français. Ils contribuent à l'alimentation générale pour une valeur supérieure à plus de 35,000,000 de francs.

Quant à l'Ottawa, cette grande rivière baigne d'importantes vallées favorables à la culture, riches en carrières de marbres et en minerais de divers métaux.

Après les deux fleuves déjà cités, on pourrait énumérer une foule de cours d'eau importants : le Saint-Maurice se jette dans le Saint-Laurent par trois canaux ; le Saguenay, renommé pour ses cataractes, ses rapides chutes d'eau, ses trente affluents, ses imposants rochers ; placés sur ses bords comme d'immobiles sentinelles, ils s'élèvent à des hauteurs considérables. On cite encore le Richelieu, plus large à sa source qu'aux approches de son embouchure.

Les lacs, comme les cours d'eau, abondent au Canada. Le lac Supérieur est la plus grande des petites mers d'eau douce qui existent sur le globe. Son circuit est d'environ 1,800 kilomètres. Ses rives, garnies de rochers, de promontoires élevés, des baies sableuses, sont ombragées par d'épaisses forêts.

Parmi les richesses minérales du pays, on y trouve le fer en proportions considérables. Certaines montagnes en sont tellement pourvues qu'elles agissent sur l'aiguille aimantée de la boussole. Quelques gisements s'élèvent à plus de deux cents mètres. A cinq mètres de profondeur, le minerai contient 60 pour 100 de ce métal ; il devient plus pur à mesure qu'on creuse davantage. Le sol renferme des mines d'or, d'argent, de cuivre, de plomb argentifère, des carrières de plâtre, de pierres, de marbre, des sources d'huile de pétrole et des Salines.

Situé sur la même latitude que l'Europe centrale, le Canada, au point de vue climatérique, se rapproche davantage de la Norwège que de la France ; le thermomètre centigrade y atteint 40 degrés de chaleur et descend jusqu'à 30 au-dessous de zéro. Dans le Haut-Canada, l'air est plus tempéré, la chaleur moins élevée, le froid moins intense, l'hiver plus court ; aussi les fruits les plus délicats y parviennent-ils à maturité.

Les vents sont très variables. Excepté dans les mois de gelée, le temps change tous les trois ou quatre jours. Le printemps est court, les moissons croissent et se développent avec une merveilleuse rapidité. Dans certaines vallées, le blé, semé en mai, se rentre à la fin de juillet. L'été ramène des chaleurs parfois excessives. L'automne se prolonge avec de très brillants couchers de soleil. L'hiver commence vers la fin de novembre et règne jusque vers le milieu d'avril. Certaines régions restent couvertes de neige pendant cinq mois, mais il y règne un froid sec qui ne nuit pas à la santé. Les temps humides sont de très courte durée.

Un air léger, un ciel sans brouillard et sans nuage contribuent à la salubrité du pays. Les épidémies, les maladies contagieuses d'une certaine gravité y sont presque inconnues. La longévité des Canadiens dépasse notablement celle des Français.

D'immenses forêts couvrent le sol. Les essences les plus répandues sont celles qui croissent en France. On y voit des pins du nord de soixante mètres de haut sur six de circonférence ; on y trouve l'érable à sucre, dont la sève remplace la bière; le cirier, dont les fruits sont enduits d'une cire avec laquelle on fabrique la bougie.

Les céréales, le tabac, le chanvre, le lin, la pomme de terre et la plupart de nos légumes sont cultivés avec succès dans ces contrées.

Il en est de même de presque tous nos arbres fruitiers.

Les animaux carnivores et les rongeurs fournissent de bonnes pelleteries. Ils sont devenus moins nombreux depuis qu'on leur fait une guerre assidue; mais ils sont loin d'être épuisés.

Les pigeons, les sarcelles, les oies, les pies, les geais, les aigles, les merles, les oiseaux-mouches, les éperviers, les milans, les chardonnerets, les colibris se partagent le domaine des airs avec les oiseaux blancs, dont la voix harmonieuse annonce le retour du printemps.

Le travail des industrieuses abeilles multiplie les rayons de miel au bénéfice des habitants.

Les lacs et les cours d'eau sont peuplés de poissons estimés.

Ainsi, de quelque côté qu'on envisage cette importante contrée de l'Amérique du Nord, on reconnaît que la Providence lui a prodigué ses bienfaits. Là, comme partout, l'homme doit travailler pour vivre; mais là, plus vite qu'en d'autres lieux, comme couronnement d'une conduite régulière et de désirs modérés, il lui est donné de parvenir à l'épargne, à la propriété, à l'aisance même, ces fruits justement appréciés d'un labeur consciencieux et persévérant.

Quand les Européens abordèrent au Canada, le pays était habité par de très nombreuses tribus indiennes, dont il serait difficile de rappeler tous les noms. Nous citerons seulement les Montagnais, les Hurons et les Iroquois.

Comme l'indique leur nom, les Montagnais aimaient à s'établir dans les lieux élevés. De nos jours, il en reste à peine quelques débris, presque tous adonnés à la culture, dans le voisinage de Québec.

Les Hurons, moins barbares que les autres tribus, habitaient la côte orientale du lac de leur nom, quand les Français pénétrèrent dans leur pays. Ils recherchèrent leur alliance, s'empressèrent de servir leurs intérêts, et implorèrent leur protection contre les Iroquois, leurs implacables ennemis.

Ceux-ci formaient la tribu la plus féroce et la plus redoutable. Ils habitaient surtout le Haut-Canada, s'incorporaient ordinairement les peuplades vaincues par leurs armes, et ils ont joué dans le pays un rôle considérable ; fiers, belliqueux, cruels à l'excès, ils portaient l'empreinte de leur caractère indomptable dans le regard, la démarche, l'énergie du langage, et jusque dans l'effrayante façon d'articuler des sons durs et heurtés. Passionnés pour le jeu, esclaves de l'orgueil, ils ne savaient rien supporter, se blessaient sous le plus léger prétexte. Ils entraient alors en campagne, répandaient la terreur sur leur passage, et ils exerçaient sur leurs ennemis les plus terribles vengeances. Dès les premiers temps, ils se prononcèrent contre les Français, s'allièrent aux Anglais qui récompensèrent leurs bons offices en flattant leurs mauvaises passions. Ils leur apportèrent les liqueurs fortes, qui les enivrèrent et les conduisirent à l'abrutissement. Heureusement leurs phalanges ont été très réduites, grâce à de nombreuses conversions.

Parmi les innombrables dialectes, autrefois usités au Canada, on distinguait deux langues principales :

celle des Iroquois et celle des Algonquins, adoptées dans les transactions commerciales.

On peut n'être pas sauvage tout en vivant au désert. Les saints des premiers siècles allaient souvent chercher dans les lieux inhabités un refuge contre la corruption des villes de leur temps, et personne n'était plus poli, plus doux, plus laborieux, plus énergique, plus sévère pour soi-même, plus indulgent pour autrui, et par suite plus civilisé. Ce qui constitue essentiellement l'état sauvage ou barbare, c'est l'ignorance ou le mépris de la loi divine, source, fondement nécessaire de toute vraie civilisation. S'il s'est rencontré, s'il se rencontre encore, au sein du paganisme, quelques nations aux mœurs adoucies, pour peu qu'on les étudie avec attention, on reconnaît qu'elles portent toujours en quelque endroit les stigmates flétrissantes de la barbarie. Leur civilisation superficielle, semblable à un brillant vernis, que le frottement le plus léger suffit à ternir, ne supporte pas l'épreuve d'un sérieux examen.

Les mœurs des Canadiens restés sauvages viennent à l'appui de cette assertion. Privés des lumières de l'Évangile, ils résistent ordinairement aux avertissements de la conscience, étouffent dans leur cœur la voix du remords, et se livrent aux déplorables penchants de la nature déchue. Ils vivent de poisson et de gibier; insensibles et égoïstes à l'excès, s'ils sont dans l'abondance, ils ne s'inquiètent pas de la misère de leurs voisins. Ni les veuves, ni les orphephelins, ni les vieillards, ne parviennent à les toucher. S'ils manquent de nourriture, les pauvres abandonnés ont beau pleurer et gémir, personne ne leur témoigne la moindre compassion. Égarés par la faim, ils sortent alors de leurs tentes, sans que le froid les arrête; errant à l'aventure dans la forêt voisine, ils creusent la neige, dans l'espoir de découvrir quelques touffes d'herbe; ils collent leurs lèvres aux tiges des jeunes arbustes, pour en exprimer le suc. Au bout de quelque temps, incapables de continuer la lutte, ils vont s'accroupir contre un arbre ou à l'abri d'un rocher, tombent et rendent le dernier soupir. Les sauvages qui les ont connus passent près de leurs cadavres sans s'émouvoir; ils n'ont pas un regret à donner à ces victimes de la barbarie!

Le sauvage du Canada vient au monde avec une peau peu différente de celle des Européens ; mais sa nudité, pendant une partie de sa vie, les graisses de différentes couleurs dont il se sert pour se prémunir contre le froid, l'habitude de rester sous la tente, autour d'un foyer fumeux, pendant les longs mois d'hiver, produisent un teint sale et cuivré qu'on aperçoit avec étonnement. Ses premières années se passent sous les yeux de sa mère, qui lui laisse une liberté absolue. Dominée par la crainte de lui éviter le moindre chagrin, elle ne contrarie aucun de ses caprices, laisse grandir avec lui ses mauvaises inclinations, et prépare ainsi d'amères déceptions à son avenir. De bonne heure, le jeune homme étudie les secrets de la chasse, la structure des animaux et les procédés à suivre pour fabriquer les canots.

Les notions les plus élémentaires de la morale sont tellement oblitérées chez le sauvage, qu'il ne respecte ni la propriété, ni la vie de ses semblables. S'il veut épouser une jeune fille qui ait un ou plusieurs prétendants, un combat s'engage entre les concurrents et le victorieux obtient celle pour laquelle il a exposé sa vie. S'il convoite la femme d'un autre, il cherche querelle au mari ; il y a lutte, et cette femme appartient au triomphateur. Elle sera sa ménagère, tant que son caprice ou sa passion la tolèrera sous sa tente : le jour où elle cessera de lui plaire, elle devra faire place à une rivale préférée. Elle coupe le bois, le charrie, cultive la terre, répare la tente, les engins de pêche, prépare les aliments, les chaussures et les vêtements.

La chasse et la pêche constituent les occupations presque exclusives du sauvage. Il part, le matin, avec sa hache, son pot à boire et son équipement de chasseur. Il suit à la piste les gros animaux, et tend des pièges aux plus petits, dont il estime la fourrure. S'il n'a pas atteint sa proie, au lieu de rentrer sous la tente, le soir, il s'enveloppe dans une couverture et passe la nuit dans la forêt, quand même le sol serait couvert de neige. Le lendemain, il recommence ce qu'il a fait la veille et prolonge ce dur régime pendant quatre ou cinq jours, se condamnant au froid, à la faim, plutôt que de revenir sans gibier et sans fourrure. Il craindrait d'être appelé lâche ou maladroit, et il en est qui sont assez esclaves de ce faux point d'honneur, pour préférer la mort à la honte d'un pareil échec.

Souvent les sauvages voyagent seuls dans les bois pour la chasse, ou le long des rivières pour la pêche. Quelquefois ils s'associent et partent en bandes considérables, emportant avec eux leurs tentes, et les groupant, au nombre de cent, de cent cinquante, de façon à leur donner l'aspect d'un village. S'ils réussissent, les huttes offrent le triste spectacle des orgies les plus hideuses. S'ils échouent, s'ils souffrent de la disette, elle entraîne à sa suite le découragement, la fureur et le blasphème.

Quand ils voyagent en hiver, ils n'oublient pas de se servir de *raquettes*. Ce sont des chaussures ajoutées à des souliers presque imperméables de peaux tannées. La raquette encadre le soulier d'un contour de bois léger et durci au feu. Elle se compose de petits bâtons sur lesquels le pied est solidement assujetti par des lanières de cuir. D'une forme presque ovale, elle a quarante centimètres de largeur sur un mètre de long.

Des attelages de quatre ou huit chiens, dociles, sobres, vigoureux, sous la conduite d'un sauvage suivi par la bande des voyageurs, traînent des assemblages de planches sur lesquelles sont placés les couvertures, les tentes, les instruments, la viande, le poisson et les malades. On entreprend ainsi de longs voyages, et, à la chute du jour, à défaut d'auberges, inconnues dans ces contrées désertes, on bivouaque sur la neige ; on cherche à s'abriter contre un bois, on allume un grand feu ; et l'excès de la fatigue amène ordinairement quelques heures de sommeil.

Les sauvages du Canada associent à une bonne mémoire l'habitude de la réflexion. Pendant des semaines, des mois, vivant dans les forêts, ils pensent souvent à la même chose. Mais leur intelligence peu développée parvient lentement à comprendre.

Souvent, après avoir écouté l'exposition d'une vérité, ils répondent au missionnaire :

— Je réfléchirai à ce que tu m'as dit. Dans un an, au retour de la chasse, je te répondrai.

Au bout de l'année, fidèle à sa parole, il revient, et déclare que la Robe Noire a raison ; ou bien, s'il a trouvé quelque objection, il la fait connaître, demande comment on doit la résoudre, et il remet à l'année suivante sa nouvelle réponse.

Les sauvages ont conservé la tradition de quelques vérités religieuses, obscurcies et oblitérées dans leur esprit par la superstition, l'ignorance et les passions. Ils savent l'existence d'un Dieu dont la puissance est infinie, qui donne à toute chose l'être, le mouvement et la vie. Ils l'adorent dans ce qu'ils voient de surprenant et de beau; dans le soleil, les astres, le feu, le tonnerre et l'eau. Devant les merveilles de la création, ils s'écrient : « O grand Esprit, nous te voyons partout. » Ils l'invoquent pour en obtenir des bienfaits et pour conjurer les périls dont ils sont menacés. Ils honorent aussi des *manitous* ou divinités inférieures, chargées de présider au foyer domestique, au berceau de l'enfant, au lit du malade, à la mort du guerrier.

Ils ont une ferme croyance dans l'immortalité de l'âme.

« L'âme est immortelle, disent-ils; si elle ne l'était pas, les hommes seraient également heureux en ce monde. Dieu, qui est infiniment juste et sage, n'aurait pas créé les uns pour le bonheur et les autres pour l'infortune. Aussi ceux qui auront souffert sur la terre seront dédommagés dans la vie future. La vie présente est un sommeil; la mort sera le réveil; elle donnera l'intelligence des choses visibles et invisibles. »

Ces pensées élevées nous expliquent leur respect pour les morts. Si la pauvreté ne les prive pas de fourrures, ils prennent les plus belles pour envelopper les corps de ceux qu'ils ont aimés. L'homme est enseveli avec ses armes, ses plus beaux habits, sa venaison et son maïs.

Quand une mère perd son enfant, il n'est pas rare de la voir déposer sur la tombe le berceau, le collier et une coupe remplie de son lait, afin de nourrir, dans le pays des ombres, celui qu'elle pleure amèrement.

Les sauvages offrent des sacrifices aux manitous, pour se les rendre favorables. Un chasseur, avant de poursuivre le gibier, le chef de tribu, avant de commencer une campagne, s'imposent des pénitences.

Dans la plupart des villages, on trouve la cabane de feu, la hutte où s'entretient un feu perpétuel en l'honneur des chefs les plus illustres de la tribu; mais il n'y a pas de lieu où elle s'assemble pour l'adoration et le sacrifice. On ne trouve ordinairement parmi les sauvages ni sacerdoce, ni temple, ni culte extérieur. L'enseignement religieux fait donc complètement défaut. Il y a lieu d'admirer une fois de plus la puissance de ces principes tutélaires, si profondément gravés dans des âmes que ni l'ignorance ni les passions ne peuvent en détruire complètement les immortels vestiges.

CHAPITRE II

Jean Cabot (1497). — Vérazzani (1525). — Jacques Cartier (1534). — Courageux efforts mal secondés par la France. — Samuel Champlain du Brouage, premier gouverneur du Canada. — Compagnie des Cent-Associés. — Hostilités de l'Angleterre. — Traité de Saint-Germain-en-Laye. — Conversion des sauvages. — Abasistari. — Les Franciscains et les Jésuites. — M. Olier et M. de la Dauversière. — Les émigrants se vouent au salut des Canadiens. — M. de Maisonneuve. — Mlle Manse. — Marguerite Bourgeois. — Dévouement des Sulpiciens. — Abondantes bénédictions. — Les Pères Jésuites continuent à opérer des œuvres de sainteté. — Témoignages des auteurs protestants.

En 1497, Jean Cabot, originaire de Venise, marchand résidant à Bristol, après un périlleux voyage, abordait avec son fils Sébastien aux rives lointaines du Canada. Ils se bornèrent à reconnaître les côtes, sans pénétrer dans l'intérieur des terres. Vingt-huit ans plus tard (1525), un navigateur florentin, au service de la France, Jean Vérazzani, dirigeait de ce côté son voyage d'exploration, ordonné par François Ier. Ses courageux et intelligents efforts furent couronnés de succès. Après cinquante jours d'une traversée difficile, il entrait dans la baie de Gaspo, parcourait les rivages de la mer, y dressait une grande croix, portant un bouclier fleurdelisé, et prenait ainsi possession, pour son souverain, d'un pays qu'il appelait *la Nouvelle France*.

Revenu en Europe, Vérazzani publia l'histoire de son expédition. Son mémoire émut l'opinion publique. Il constitue de nos jours le plus ancien document qu'on possède sur cette importante contrée.

Neuf années s'écoulèrent sans nouvelles tentatives d'exploration sérieuse. En 1534, Jacques Cartier, à la tête de deux bâtiments de soixante tonneaux, partait de Saint-Malo, petit port rendu célèbre par les naissances de Duguay-Trouin, de Surcouf et de Chateaubriand. Avant de s'embarquer, lui et ses compagnons mirent leur voyage sous la protection de Dieu, reçurent les sacrements de Pénitence, d'Eucharistie, et allèrent demander la bénédiction épiscopale. Après une heureuse traversée, il explore les côtes plus complètement que son devancier. De retour en France, il publie sur ses découvertes une relation simple, propre à calmer l'ardeur des aventuriers, sans diminuer l'élan des âmes désireuses de porter les lumières de la vérité aux nombreuses peuplades qui ne la connaissaient pas.

Dans un second voyage, Jacques Cartier découvrit et il explora un golfe important, qu'il appela *Saint-Laurent*, du nom du martyr dont l'Église célébrait la fête le jour où il fit cette découverte. Dès son arrivée à Paris, il eut l'honneur d'être admis à conférer avec François Ier. Il lui exposa de puissants motifs en faveur de l'établissement d'une colonie au Canada.

— Ne convient-il pas au roi très chrétien, dit-il, de procurer la connaissance de Jésus-Christ à tant de nations infidèles qui seront civilisées par les lumières de l'Évangile?

Le souverain comprit ce langage. Des préoccupations intérieures et les guerres du continent ne lui permirent pas de faire immédiatement à la réalisation de cette noble entreprise la part nécessaire pour en assurer le succès. Mais, quelques années plus tard, il ordonnait une troisième expédition au

Canada. Cette fois, Jacques Cartier partait avec le titre de gouverneur général, emmenait avec lui un gentilhomme picard, François de la Roque, seigneur de Roberval, nommé vice-roi de Norimberie, nom nouveau donné à la contrée située près du golfe et du fleuve Saint-Laurent. Malheureusement ces titres pompeux ne pouvaient suppléer aux éléments d'une sérieuse colonisation qui faisaient complètement défaut. Les chefs de la future colonie auraient eu besoin d'être secondés par des hommes intègres, par des ouvriers laborieux, et ils avaient à leur suite des vagabonds, des repris de justice, des prisonniers libérés. Ces hommes tarés résistèrent aux conseils et aux menaces, foulèrent aux pieds les règlements, les lois, et oublièrent bien vite les belles promesses qu'ils avaient faites pour obtenir leur envoi en Amérique. La paresse, l'indiscipline, l'esprit de révolte des émigrants opposèrent à toutes les tentatives des obstacles insurmontables. Au bout d'une année, Roberval et Cartier durent retourner en France, déplorant amèrement l'insuccès d'une entreprise à laquelle ils s'étaient si vaillamment consacrés.

Quelques autres Français d'élite essayèrent ensuite de fonder la colonie; mais le défaut de ressources suffisantes empêcha leur réussite, et pendant un certain temps le commerce seul profita de la découverte du Canada, en envoyant sur les côtes d'Amérique de nombreux bâtiments de pêche.

Henri IV résolut enfin d'exécuter un projet trop longtemps ajourné. Il choisit pour l'accomplir un homme d'une incontestable valeur. C'était Samuël Champlain du Brouage, officier de marine, dont l'intelligence et le caractère inspiraient une entière confiance. Il reçut le titre de gouverneur du Canada et mérita celui de père de la Nouvelle-France. Sa première expédition date de 1603; elle fut suivie de plusieurs autres. Il sut établir de bonnes relations avec les sauvages; il éleva des maisons et un fort sur l'emplacement où devait surgir plus tard la ville de Québec.

Il s'avança jusqu'au lac qui porte son nom, et il découvrit le lac Ontario.

Comme il *estimait le salut d'une âme bien plus qu'un empire,* dès son second voyage, il emmenait avec lui quatre Franciscains désireux de se rendre au Canada pour gagner les âmes à la vérité. Parmi les premiers apôtres du pays, on cite les Révérends Pères Biart et le Caron. Le premier fit tant de bien aux cannibales qu'ils le vénéraient comme un messager du ciel. Le second pénétra chez les Mohicans, dépassa le lac Huron, portant partout la parole qui instruit, l'exemple et le dévouement qui touchent les cœurs. Ces fervents religieux ont commencé le défrichement moral des consciences; ils eurent pour successeurs les Révérends Pères Jésuites.

Tout semblait réussir au gré du gouverneur, quand les hostilités des Anglais, unis aux Iroquois, vinrent paralyser les progrès de la colonie et susciter à Champlain des difficultés contre lesquelles il se mit à lutter avec énergie. Il repoussa les ennemis, et construisit le fort Saint-Louis, devenu plus tard le boulevard de la puissance française au Canada.

Cependant les Iroquois, irrités d'un premier échec, résolurent de se venger. Ils obtinrent des Anglais d'importants renforts; puis ils vinrent assiéger Québec, privée de vivres et de munitions; Champlain, à qui la France mesurait avec parcimonie ses moyens de défense, fut obligé de capi-

ARRIVÉE DE JACQUES CARTIER, A STADACONA

tuler en 1627 : sa petite troupe, après s'être vaillamment défendue, sortit du fort avec armes et bagages, et Champlain dut retourner en France.

Les hostilités se continuèrent pendant plusieurs années. Les Anglais parvinrent à se rendre maîtres de tout le pays; mais le traité de Saint-Germain-en-Laye, passé en 1631, les obligeait à restitution.

Champlain fut heureux de connaître, avant de mourir, les conditions de ce traité. Jusqu'à son dernier soupir, sa grande âme s'intéressa vivement à la colonie qui lui avait coûté tant de sacrifices. A la fin de sa carrière, la maladie le cloua sur un lit de souffrance; mais il ne cessait de faire des vœux pour ses compatriotes, établis sur les bords du fleuve Saint-Laurent, et surtout pour les missionnaires, qui, pénétrant chez les sauvages, accomplissaient l'œuvre civilisatrice et chrétienne à laquelle il s'était si énergiquement dévoué. Il comptait plus sur leurs privations et leurs travaux que sur les baïonnettes des soldats et sur les canons des armées, pour répandre les principes de la justice, les vérités de la religion, et remplir la sublime tâche départie depuis tant de siècles par la Providence à la France.

La perspective d'âmes à conquérir enflammait l'ardeur des pieux catholiques de France. Les uns, comme la reine Marie de Médicis, la duchesse d'Aiguillon, le marquis de Guercheville, le cardinal de Richelieu, le vénérable abbé Olier, contribuent au succès des missions canadiennes par leurs abondantes largesses, leurs prières et la direction donnée aux émigrants. D'autres paient de leur personne. Ainsi le marquis de Gamache renonce à une grande fortune et obtient de ses parents les ressources nécessaires à la fondation du célèbre collège de Québec. La Compagnie de Jésus, dans laquelle est entré ce jeune gentilhomme, a déjà envoyé ses religieux au Canada. Bientôt ils deviennent et restent, pendant un certain temps, les seuls apôtres du pays.

Ce fut en 1636 que quinze jésuites arrivèrent au Canada pour évangéliser les sauvages, avec la soif de verser leur sang pour Jésus-Christ.

Sous l'influence de leur charité, les yeux s'ouvrent à la lumière, les sauvages se convertissent avec joie; les vertus domestiques prennent naissance; les crucifix, les pieuses images sont acceptés avec respect, les mœurs s'épurent, les dimanches sont observés, et un certain nombre de familles deviennent sérieusement chrétiennes.

Le P. Bressaria, l'un des missionnaires les plus ardents à la conquête des infidèles, écrivait de sa main mutilée par les sauvages :

« A notre arrivée dans le pays, nous n'avons pas trouvé un habitant qui eût le bonheur de connaître Dieu. Aujourd'hui il n'est pas une seule famille où l'on ne compte plusieurs catholiques. »

Il fut flagellé, torturé, traîné nu-pieds sur les épines, dans toute l'étendue d'un village. Il conserva les traces de ses blessures, et les Indiens lui disaient :

— Montrez-nous vos stigmates. Elles me parlent de Celui pour l'amour duquel vous avez supporté tant de souffrances.

L'une des conversions les plus célèbres fut celle d'Abasistari, chef huron, renommé pour sa valeur et sa puissance. Dès qu'il eut reçu le baptême, il se montra plein de courage pour étendre le règne de Jésus-Christ. Entouré de quelques guerriers, il aimait à suivre les missionnaires dans leurs périlleuses excursions. Un jour, comme il accompagnait le P. Jogues, il fut attaqué par une bande d'Iroquois. Le grand nombre des assaillants rendait la résistance impossible. Aussi évita-t-il le combat et alla se cacher, avec quelques hommes, dans l'épaisseur des forêts, le long du fleuve Saint-Laurent. Quant au P. Jogues, il attend les ennemis de pied ferme, il ne veut pas perdre une occasion d'annoncer l'Évangile aux sauvages. Dès que Abasistari apprend la décision du religieux, il sort de sa retraite et va partager sa captivité.

— Mon Père, lui dit-il, je t'ai promis de m'associer à ton sort, je viens, pour rester fidèle à ma parole.

Pendant le trajet, les barbares traitèrent les prisonniers avec cruauté : flagellés, privés de nourriture durant plusieurs jours, ils se réjouissaient en pensant au jour prochain de leur récompense. D'ailleurs les consolations ne leur étaient pas entièrement refusées. Un jour, un épi de blé fut jeté au P. Jogues par la compassion d'un passant. L'épi était orné de perles de rosée; ces gouttes d'eau providentielles suffirent pour baptiser deux catéchumènes!

Abasistari, condamné à être brûlé vif, reçut avec joie l'affreux supplice et continua de chanter les louanges de Jésus et de Marie, tant que ses souffrances le lui permirent. Plusieurs Hurons périrent avec lui. Quant au P. Jogues, il fut estropié, mais épargné. Racheté par les Hollandais, il profita de sa liberté pour se rendre à Rome, afin de solliciter une dispense qui lui permît de célébrer les saints mystères avec des mains mutilées. Le Saint-Père la lui accorda, en déclarant qu'il serait indigne de Jésus-Christ que son martyr ne put pas boire son sang.

A peine exaucé, le P. Jogues s'empresse de retourner au Canada. Il accueillit avec bonheur la permission de revenir près de ceux qui l'avaient tant fait souffrir et de travailler à fonder parmi eux une mission permanente.

En prenant congé de ses confrères il leur annonça qu'il ne les verrait plus en ce monde. Ce pressentiment ne fut pas trompeur. Les Barbares vers lesquels il se dirigea, le crucifix à la main et la charité dans le cœur, renouvelèrent ses tortures; par un raffinement de cruauté, ils prolongèrent son martyr pendant quatre années avant de lui donner le coup de la mort.

Il faudrait écrire bien des pages pour énumérer les supplices des glorieux martyrs qui scellèrent, au Canada, de leur sang leur foi en Jésus-Christ. Nous nous bornerons à citer quatre d'entre eux qui nous apparaissent couronnés d'une lumineuse auréole. Ce sont les RR. PP. de Brébeuf, supérieur de la mission, Lalemant, Garnier et Daniel.

Le supérieur renouvelait chaque jour, au saint sacrifice de la messe, le vœu d'affronter le martyre.

D'affreuses souffrances avaient commencé pour lui et il continuait toujours à prêcher la vérité. Quand il partit pour le ciel il habitait depuis vingt ans l'Amérique, et il avait converti plus de sept mille sauvages.

Il fut fait prisonnier par les Iroquois, vainqueurs des Hurons. Au lieu de s'enfuir, il voulut rester, avec le P. Lalemant, au milieu des blessés, pour baptiser les catéchumènes et administrer les malades. Les Iroquois lui coupèrent le nez et la lèvre inférieure afin de le réduire au silence; puis ils brûlèrent ses gencives, appliquèrent des torches ardentes sur toutes les parties de son corps, et comme il continuait ses pieuses exhortations, ils enfoncèrent dans sa gorge un fer tout brûlant. Ensuite les bourreaux inventèrent de nouvelles tortures. Ils firent rougir un collier de fer et le passèrent au cou de l'invincible athlète. Ils arrachent la peau de sa tête, en forme de couronne, et ils sèment sur son crâne des tisons enflammés. Ils entourent ses reins d'une ceinture de résine et y mettent le feu. Une heure se passe dans ces souffrances indicibles et la patiente victime est toujours debout! Alors la lassitude et le dépit font ce que la pitié n'a pu inspirer. Une hache se lève, et la tête du martyr roule sur le sol. Parée de ses souffrances, son âme indomptable s'élance glorieuse vers le ciel (16 mars 1649).

L'œuvre de mort terminée, les Iroquois rentrèrent, pour un temps, dans leurs forêts. Sur le lieu même du supplice, émerveillés du courage de leur victime, ils s'étaient partagé son cœur et l'avaient dévoré. Après leur fuite, les Pères, accourus de leur demeure de Sainte-Marie, purent reconnaître les restes de leur vénéré Supérieur. Ils les recueillirent comme un trésor inestimable et son chef, pieusement enchâssé dans un buste d'argent, fut déposé à l'hôpital de Québec, où il se trouve encore de nos jours.

Le P. Gabriel Lalemant appartenait à une ancienne famille du Parlement de Paris. Sa mère, au cœur fort et tendre, l'avait façonné pour la sainteté. Parmi ses six enfants, un seul était resté dans le monde; il y avait exercé les fonctions de maître des requêtes. Tous les autres avaient embrassé la vie religieuse. L'aîné était entré dans la Grande-Chartreuse, trois filles devinrent Carmélites. Après avoir élevé ses enfants, cette mère incomparable voulut passer les dernières années de son veuvage chez les Récollettes ou Franciscaines. Gabriel, son dernier né, avait déjà choisi la Compagnie de Jésus, quand elle prit cette importante détermination. Il était d'une santé délicate, et débutait comme missionnaire des infidèles, quand il fut martyrisé près du P. de Brébeuf. Les sauvages lui enlevèrent ses habits et le couvrirent de morceaux d'écorce pour rôtir lentement son corps. On trouva dans ses papiers la prière suivante :

« Mon Jésus, seul objet de mon amour, il faut

que votre sang, répandu pour les sauvages comme pour nous, soit appliqué d'une manière efficace à leur salut. Aussi je désire vivement être le coopérateur de votre grâce, et m'immoler pour vous. »

Ses vœux furent accomplis. Dès le commencement de ses tortures, il dit au P. de Brébeuf :

— Nous voilà donc en spectacle au monde, aux anges et aux hommes.

Quand le feu eut consumé ses liens, il courut à son Supérieur, et baisa ses plaies avec amour. Peu d'instants après, il fut scalpé ; la peau de sa tête fut enlevée avec un instrument tranchant. Alors commença l'agonie qui dura dix-sept heures ! De l'huile bouillante fut jetée sur sa tête dénudée. Un de ses yeux fut arraché et remplacé par un charbon ardent. Lorsqu'il lui devint impossible de continuer à parler, il éleva ses mains au ciel, afin de tourner de ce côté les pensées et les désirs des assistants. Plusieurs comprirent cet expressif langage, et jusque parmi les bourreaux on compta des convertis qui racontèrent les détails du double martyre.

Ce fut encore l'une des tribus iroquoises qui vint attaquer la mission de Saint-Jean, fondée en faveur des Hurons, et confiée au P. Garnier. Ils mirent tout à feu et à sang ; ils commirent des cruautés inouïes. Les enfants sont arrachés à leur mère et jetés au feu en sa présence. Une autre est enlevée à ceux qu'elle fait vivre par son travail, puis assommée sous leurs yeux. Une autre encore est mise à mort, parce qu'elle pleure les auteurs de ses jours.

Au milieu de ces scènes de barbarie, le P. Garnier court à l'église, il y trouve des chrétiens en prière. Il leur conseille de prendre la fuite et de conserver toujours précieusement l'inestimable trésor de leur foi. Ces pieux fidèles s'efforcent d'entraîner avec eux le consolateur et le père de leurs âmes ; mais il résiste à toutes les instances. Il veut rester sur le théâtre du carnage, pour absoudre les néophytes, soutenir leur courage et baptiser les enfants. Un premier coup de feu l'atteint dans l'exercice de son ministère et le frappe à la poitrine, une balle lui traverse une cuisse. Malgré cette double blessure, il se traîne près d'un Huron qui se meurt, pour lui porter l'absolution. Il reçoit alors un coup de hache qui coupe son corps en deux parties! Son âme, dégagée de ses liens, s'envole vers le Seigneur qu'elle a si bien servi!

Comme lui, le P. Daniel fut surpris par les Makawho dans un village huron. Après avoir achevé son ministère près des néophytes, il s'avança paisiblement à la rencontre des sauvages pour leur annoncer la parole de Dieu. Il mourut percé de flèches, en prononçant le nom de Jésus-Christ. Ceux qu'il avait convertis le pleurèrent longtemps. Plusieurs déclarèrent l'avoir vu plus d'une fois après sa mort, resplendissant de jeunesse, de gloire et de beauté.

Pendant que les missionnaires faisaient si généreusement le sacrifice de leur vie pour la conversion des infidèles, de fervents catholiques, retenus en France par des devoirs impérieux, ne se lassaient pas de travailler à atteindre le même but. Parmi ces hommes d'élite, il faut encore citer l'abbé Olier, fondateur de tant de belles œuvres, qui honoreront à jamais sa mémoire. Peiné de voir les compagnies industrielles, organisées pour exploiter les richesses de l'Amérique, ne pas faire une part suffisante à la propagation de la vérité, il résolut de fonder lui-même une association, exclusivement dévouée au salut des Canadiens. A l'aide des ressources réunies par cette société, il conçut le projet de faire construire, dans l'île de Montréal, une ville fortifiée, consacrée à la Sainte Vierge sous le nom de Ville-Marie. Il veut opposer une digue aux ravages des Barbares et fonder un établissement qui deviendra le centre des missions. Pendant qu'il méditait ce dessein, la Providence le mit en relations avec Jérôme le Royer de la Dauversière, gentilhomme angevin, lieutenant général au présidial de La Flèche, dont l'âme généreuse brûlait du désir de contribuer au salut des sauvages. Il projetait au Canada une maison des Sœurs hospitalières de Saint-Joseph, pour éclairer les cœurs en guérissant les âmes. Il vint de La Flèche dans les environs de Paris, afin de soumettre ses idées au garde des sceaux. Au moment où il entrait chez ce haut personnage, l'abbé Olier s'y rendait de son côté pour conférer de son future séminaire de Saint-Sulpice. Les deux hommes, qui ne s'étaient jamais vus, se reconnurent au premier aspect, se comprirent sans s'être expliqués, se jetèrent dans les bras l'un de l'autre et s'embrassèrent avec effusion comme d'anciens amis. Ne l'étaient-ils pas, en effet, par cette conformité de vues et d'aspirations qui constitue les plus solides attachements ? Après les épanchements d'une mutuelle sympathie, l'abbé Olier célébra la messe, et M. de la Dauversière y communia. Puis, pendant trois heures, les deux grands serviteurs de Dieu s'entretinrent de leurs plans, de leurs désirs, et, avant de se quitter, ils se firent de touchants adieux. Les deux nouveaux collaborateurs, unis par d'indissolubles liens, agirent efficacement de concert pour l'accomplissement de leurs vœux.

Plus tard, l'abbé Olier confia le patronage des établissements canadiens à sa Compagnie de Saint-Sulpice. Mais, avant d'obtenir ce précieux concours, grâce à son ascendant sur l'élite de la société parisienne, il parvint à fonder en faveur du Canada une société charitable, composée de personnes riches ou très zélées, qui apportèrent la triple aumône de leurs prières, de leurs souscriptions et de leur crédit. M. de la Dauversière, dont l'humilité voulait remplir des fonctions modestes, se contenta d'être l'exécuteur des décisions prises par l'association. Bientôt elle obtint de M. de Lauzun, intendant du Dauphiné, la cession de l'île de Montréal, située à soixante lieues de Québec, dans le fleuve Saint-Laurent, au milieu des Iroquois devenus encore hostiles à la France, depuis que les Hurons, leurs ennemis, avaient obtenu sa protection. La charité allait ainsi s'implanter parmi les sauvages, pour les éclairer, en affrontant les plus redoutables périls.

Une fois propriétaire au Canada, la société naissante se hâta d'y expédier les vivres et les provisions nécessaires à l'établissement de la future colonie; puis elle réunit trente familles de gentilshommes, de commerçants, de cultivateurs, d'artisans, tous inspirés par des vues surnaturelles, tous décidés à chercher avant tout l'extension du royaume de Dieu. Plusieurs, même parmi les laïques, n'avaient qu'un but : c'était de faire leur salut en travaillant à la conversion des sauvages.

Il fallait un chef à ces fervents chrétiens. M. Paul de Chaumédy de Maisonneuve, gentilhomme champenois, officier de mérite, consentit à les diriger.

Vers le même temps, Mlle Manse venait de Langres à Paris, renonçant à une position brillante pour accompagner les émigrants, s'adonner au service de leurs malades, et fonder plus tard, à Ville-Marie, le premier Hôtel-Dieu, avec des Sœurs hospitalières venues de La Flèche.

Les colons, partis de La Rochelle en juin 1631, arrivaient heureusement au mois d'août à Québec. Ils y passèrent l'hiver. Les habitants de cette petite bourgade, dont la population ne dépassait pas deux cents âmes, essayèrent vainement de retenir les voyageurs en leur signalant les dangers auxquels ils allaient s'exposer, s'ils persistaient à vouloir aborder en si petit nombre dans une île peuplée par une tribu très considérable de sauvages. M. de Maisonneuve, vaillant interprète de ses compagnons, répondit aux aimables instances qui tâchaient de retarder le départ :

— Nous ne sommes pas venus pour délibérer, mais pour agir. Y eut-il à Montréal autant d'Iroquois que d'arbres sur ce plateau, il est de notre honneur, de notre devoir d'aller y établir une colonie.

A leur arrivée à Montréal, les courageux chrétiens prirent possession de l'île en se prosternant sur le rivage et en chantant les louanges de Dieu. Une chapelle décorée devint la demeure du Très Saint Sacrement. A défaut de cire et d'huile, on plaça devant le tabernacle une petite bouteille contenant des mouches à feu ; on obtint ainsi une lumière analogue à celle de la bougie.

Les débuts furent très pénibles. Les émigrants semèrent dans les larmes, et, à la place des récompenses du temps, ils s'assuraient, par leur énergique persévérance, la moisson des joies éternelles.

Malgré de petites fortifications, construites à la hâte avec des pieux, souvent ils étaient inquiétés par les Iroquois. Ceux des émigrants qui cultivaient la terre n'en connaissaient pas encore les propriétés, ignoraient les moyens à prendre pour la fertiliser. Ils ne produisaient pas même le pain nécessaire à leur subsistance, mais les sauvages se convertissaient, et les conversions consolaient de tous les mécomptes.

L'abbé Olier aurait vivement désiré de se rendre au Canada, afin de guider les colons, d'éclairer les infidèles, et d'exposer sa vie pour la gloire du divin Maître. Des œuvres très importantes le retenaient en France, mais il ne cessait pas de travailler au succès de la Compagnie de Montréal. Il lui envoyait d'humbles et laborieuses familles, dont les métiers devaient rendre de sérieux services à la colonie. Puis à la suite d'une grande assemblée où il avait électrisé les cœurs, il faisait pour l'Œuvre une quête dont le chiffre dépassait deux cent mille livres !

Vers le même temps, l'amour des âmes décidait des femmes d'élite à donner beaucoup, à faire d'importants sacrifices, et même à s'expatrier pour améliorer le sort des pauvres canadiens. Mme de Bullion offrait plus de soixante mille livres pour l'hôpital de Montréal, Mme Le Peltier, jeune veuve d'Alençon, plus riche encore des trésors spirituels que des biens de la terre, devenait l'une des fondatrices d'un couvent d'Ursulines vouées à l'éducation des filles. Marie Guyart, surnommée Marie de l'Incarnation, venait de Tours pour gouverner ce couvent, le dirigeait avec une piété fort éclairée, composait d'excellents traités pour former les novices.

Marie Morin, la première sœur d'origine canadienne, servit les malades à l'Hôtel-Dieu de Ville-

Marie. Elle y entra, comme novice, dans sa treizième année et y vécut jusqu'à quatre-vingt-deux ans, elle écrivit sur ce bel établissement des pages d'un touchant intérêt. Pendant vingt-huit ans, la maison de planches où demeuraient les Sœurs était tellement exposée aux intempéries des saisons, que, pendant l'hiver, elles devaient, chaque matin, secouer la neige tombée sur leurs lits. « Pensez, mes Sœurs, dit Marie Morin dans ses annales, que celles qui vous ont précédées, ont cueilli bien des épines, là où vous ne trouverez que des fleurs; mais sachez aussi que les fondements sont appuyés sur la croix, et que vous y aurez part, puisque vous avez l'honneur d'appartenir à Jésus-Christ. »

Marguerite Bourgeois, originaire de Champagne, devint, pour la colonie naissante, un ange de miséricorde. A propos de sa vocation, faisant allusion à son départ pour le Canada, elle écrivait plus tard des lignes qui révèlent la vivacité de sa foi. « Je me dis alors en moi-même : si c'est la volonté de Dieu que j'y aille, je n'ai besoin de rien, et je partis sans denier, ni maille, avec un petit paquet que je pouvais porter sous mon bras. » Elle habitait Troyes et faisait partie d'une congrégation dirigée par les religieuses de saint Pierre Fourier. C'était une association de jeunes personnes, qui, sans contracter aucun engagement, se fortifiaient dans la piété par la pratique des bonnes œuvres. Mais ces actes de charité ne suffisaient plus à son amour des âmes. Elle voulait fonder un nouvel Institut qui élevât la jeunesse, sans être astreint à la clôture. Arrivée à Ville-Marie, en 1653, elle se mit à parcourir, chaque jour, les maisons pour instruire les enfants, servir les malades, assister les pauvres, visiter les affligés.

A force de dévouement, de prières et de privations, elle parvint à l'accomplissement de ses vœux. Ses religieuses ont traversé les siècles ; de nos jours, elles élèvent six mille jeunes filles pensionnaires ou externes, et ont pénétré dans cinq diocèses.

Quand Ville-Marie fut construite, les Iroquois continuèrent à venir souvent l'assiéger. L'une de leurs nombreuses attaques la mit en grand péril. Dans cette grave occurrence, un bourgeois prit une résolution héroïque. Il décida quinze à vingt de ses compatriotes à faire avec lui, pour défendre la cité, le sacrifice de leur vie. Ils allèrent d'abord puiser le courage à sa meilleure source, se confessèrent, communièrent, puis, inspirés par le Dieu qu'ils portaient dans leur cœur, ils s'enfermèrent dans un petit fort, situé en avant de Ville-Marie. Là, ils se battirent avec un indomptable courage, et périrent tous les armes à la main. Ils avaient tenu les ennemis en échec, avaient retardé leur marche le temps nécessaire pour que des secours étrangers pussent arriver, et la ville était sauvée!

Pendant vingt ans, la Compagnie de Montréal s'efforça de peupler et de défricher l'île dont elle était propriétaire; puis, la mort de la plupart de ses membres décida les survivants à transmettre cette onéreuse propriété aux Sulpiciens, afin d'assurer l'avenir de la colonie.

En acceptant cette lourde mission, ils ne se dissimulaient pas les charges qu'ils allaient s'imposer. Il fallait d'abord éteindre une dette de cent-trente-mille livres, et réunir des sommes bien plus considérables pour subvenir aux besoins de la colonisation. L'intelligente charité des nouveaux bienfaiteurs attira sur leurs entreprises d'abondantes bénédictions. Dans une période de cinquante ans les dettes furent payées. Des ressources, dont la valeur représenterait plus de quatre millions, furent obtenues. Le territoire de l'île fut mis en valeur ; elle fut peuplée d'Européens laborieux, venus des différentes parties de la France. Choisis avec soin, ils apportèrent au Canada un grand esprit de foi, l'amour du travail, de l'ordre, de l'économie. Des missions permanentes, entretenues pour les sauvages, en convertirent un grand nombre.

En 1677, Ville-Marie comptait environ 1,600 habitants. Aujourd'hui la population dépasse 120,000 âmes. Là est la maison-mère des Sœurs hospitalières. Celle de la Sœur Bourgeois ne fait pas moins de bien ; c'est la pépinière, sans cesse renouvelée, des religieuses vouées à l'éducation des enfants. La population de l'île a conservé les bienfaits de sa chrétienne origine. Ses habitants sont unis, pieux, aiment à se rendre service et à pratiquer les œuvres de miséricorde.

Les associations chrétiennes sont si nombreuses à Ville-Marie qu'un annuaire de deux cents pages suffit à peine pour les désigner et indiquer leur but. Elles s'adressent à tous les âges, à toutes les positions, à toutes les souffrances, pour les soulager et les diriger dans la voie qui conduit à Dieu. Non seulement on y trouve à peu près toutes les œuvres de France, mais on en rencontre d'autres que nous serions heureux de posséder. Ainsi plusieurs états se réunissent sous le patronage d'un saint, et ses membres se prêtent une mutuelle assistance. Pénétrées d'un esprit chrétien, ces sociétés améliorent en soulageant; elles ont toujours des secours à distribuer aux malades, aux infirmes, aux veuves, aux orphelins. Les bouchers, par exemple, se sont placés sous la protection de saint Luc, et les marchands sous celle de saint Jacques.

Enfin, les sciences et les arts sont florissants à Sainte-Marie, parce qu'ils sont placés sous l'égide de l'Évangile, qui éclaire partout où il pénètre.

Pendant que les colonisateurs de l'île de Montréal travaillaient à civiliser cette fraction du Canada, les Pères de la Compagnie de Jésus étendaient au loin leur activité, et défendaient, avec une infatigable ardeur, les intérêts de la foi. Leur première ambition était de propager les lumières de l'Évangile, mais il leur fut donné, par surcroît, de servir la science humaine.

L'histoire, la philologie, la littérature leur sont

FORÊT AU CANADA

redevables de nombreux travaux, et bien des tribus sauvages se sentent attirés vers les Français qui comptent, parmi leurs compatriotes, des hommes d'une si héroïque charité.

C'est ainsi que les peuplades, groupées autour du lac supérieur, des sources de la rivière rouge et du Mississipi se réunirent aux chutes Sainte-Marie, vers 1670, et se placèrent sous la protection de la France. Le délégué de l'intendant Talon vint les haranguer avec le P. Allouez, savant religieux, propagateur de l'Évangile chez plus de vingt nations différentes. Une croix de cèdre fut dressée au milieu de massifs d'arbres majestueux; les Français, défilant en procession, s'inclinèrent avec respect devant le signe sacré de la Rédemption et chantèrent des hymnes en vers français.

Quelque temps après, le P. Mesnard, accablé par l'âge et les infirmités, apprend que les Algonquins désirent l'alliance française. Espérant que leurs dispositions lui promettent du succès pour son ministère, il va les trouver sans consulter ses forces; ses œuvres ajoutent beaucoup à la sympathie des sauvages pour ses compatriotes. Les Hurons de l'île Saint-Michel l'appellent; il se dirige vers eux sans trêve ni repos. Mais, pendant que son unique compagnon transporte le canot, le saint vieillard s'égare dans la forêt, et y perd la vie de ce monde pour aller à Dieu! Les sauvages le pleurèrent beaucoup : ils conservèrent longtemps, comme de précieuses reliques, son bréviaire et sa soutane.

Les Pères Jésuites devançaient, près des infidèles, les soldats et les marchands ; ils allaient de lac en lac, de rivière en rivière : prenant sur les indigènes un salutaire ascendant, ils les convertissaient. Ainsi le P. Marquette, accompagné du P. Joliet, explore les bords du Mississipi et plante la croix sur les bords de ce fleuve, appelé par les sauvages le père des eaux (1670). Les Indiens le supplient en vain de ne pas poursuivre ses explorations. « Il va s'exposer aux plus grands périls, lui disent-ils ; il rencontrera des monstres : les tribus qu'il vient évangéliser se nourrissent de chair humaine, et ils n'épargnent personne. » Mais rien n'arrête l'élan de son zèle ; il est prêt à donner sa vie pour Jésus-Christ. Il part avec le P. Joliet. Arrivé au dernier village connu des Français, il informe l'assemblée des anciens du but de son apparition ; il distribue de petits présents, et reçoit en échange une nate qui lui servira de lit. Des guides chargés de conduire les deux religieux disparaissent au bout de peu de jours. Alors les voyageurs, abandonnés à eux-mêmes dans des déserts sans limite, se recommandent à leurs anges gardiens, et parviennent heureusement à trois villages peuplés par les Illinois. Là ils reçoivent un accueil inattendu. L'un des chefs, d'un âge avancé, les conduit à sa cabane en disant :

— O Français, que le soleil est radieux ! Nous vous attendions, et vous serez bien reçus dans toutes nos demeures.

Le grand conseil se réunit pour entendre le P. Marquette. Sa parole, inspirée par une foi vive, par un cœur enflammé de l'amour de Dieu, charme ses auditeurs et ouvre leurs yeux à la lumière.

Après un séjour d'une semaine, les deux compagnons poursuivirent leur marche, dépassèrent les confluents du Missouri et de l'Ohio ; ils arrivèrent à l'Arkansas et rencontrèrent une tribu guerrière qui vint à leur rencontre armée de boucliers, de flèches, de haches, de massues. Ils furent encore accueillis avec respect et reçurent des marques de sympathie. Ce fut le terme de cette lointaine exploration.

Joliet se rendit à Québec, afin d'annoncer au gouverneur une découverte géographique. Il avait acquis la certitude que le Mississipi se jetait dans le golfe du Mexique, et il était pressé d'en informer la France.

Le P. Marquette resta chez les Miamis. Deux ans plus tard, en hiver, il se dirigeait vers une autre tribu, quand, un matin, étant entré dans la petite rivière de Michigan, il suspendit sa course pour célébrer la messe, à l'aide d'un autel érigé sur le rivage. Les saints mystères accomplis, il demanda une demi-heure de solitude et de prières destinées à l'action de grâces. Quand le temps prescrit fut écoulé, les conducteurs du canot allèrent le chercher. Ils ne trouvèrent plus que son corps inanimé! L'extase, commencée sur la terre, se continuait au ciel! Le souvenir de son nom, donné à la rivière, ne s'est pas effacé chez les habitants de l'Ouest. La mémoire de ses bienfaits et de ses vertus est encore vivante chez eux; ils aiment à penser à lui et à l'invoquer dans leurs besoins.

Il faudrait citer un à un les noms des Pères Jésuites qui allèrent successivement évangéliser le

Canada. Ces noms signifient : esprit de foi, amour de Dieu poussé jusqu'à l'héroïsme. En présence de ces vies admirables, les protestants eux-mêmes s'émeuvent et témoignent leur vénération. L'un d'eux, M. Kip, après avoir raconté l'histoire de plusieurs martyrs, ajoute :

« Combien peu mouraient au sein du repos! Les obstacles que rencontraient les Jésuites purent-ils arrêter leurs progrès? Non; les fils de Loyola ne voulurent jamais se retirer. La mission qu'ils fondaient dans une tribu ne finissait qu'après l'extinction de la tribu elle-même. Leur vie n'était qu'une longue suite d'actes d'un admirable dévouement. Tout en pleurant les frères qu'ils perdaient, ils s'empressaient de venir occuper leur place, et, s'il le fallait, de partager leur sort. »

CHAPITRE III

Robert de la Salle et Bienville. — Sacrifices consentis par la France pour coloniser le Canada. — Lois et principes administratifs de la mère patrie appliqués à la Nouvelle France. — Hostilités des colons anglais et des peuplades iroquoises. — Massacre du bourg de la Chine. — Le comte de Frontenac. — Le chevalier d'Iberville. — Traités de Ryswick et de Montréal. — Attaque des Abénaquis. — Alliés de la France par les Anglais. — Le R. P. Rasle : ses œuvres, son martyre. — Le cardinal de Fleury. — Le comte de la Gellisonnière. — L'amiral Duquesne. — Les Anglais envahissent la vallée de l'Ohio. — Washington et Jumonville. — Combats sur trois points principanx. — Le marquis de Vaudreuil. — Le marquis de Montcalm. — Le chevalier de Lévis. — Victoire de Chanagen. — William Pitt.

Après avoir énuméré avec une respectueuse émotion les noms et les actes de plusieurs missionnaires qui ont propagé avec tant de courage la vérité dans le Nouveau-Monde, il convient de raconter l'histoire sommaire des efforts tentés par le gouvernement Français pour coloniser le Canada. Avant de commencer ce récit, nous citerons deux hommes qui se consacrèrent à la découverte de questions géographiques importantes ; ils s'appelaient Robert de la Salle et Bienville.

Robert Cavalier de la Salle, né à Rouen vers 1640, y fit de brillantes études dans un collège dirigé par les Pères Jésuites ; à l'âge de trente ans, il vint au Nouveau-Monde pour y chercher la gloire dans de périlleuses entreprises. Il explora les lacs Erié, Ontario ; puis il réunit des éléments de colonisation près du fort Frontenac. Des lettres de noblesse récompensèrent ses travaux. Après avoir surmonté des obstacles de tout genre, il parvenait, en 1682, au Mississipi jusqu'à son embouchure ; il prenait, au nom de la France, possession de ce fleuve, lui donnant le beau nom de Saint-Louis et appelant Louisiane la contrée environnante. Cinq ans après, il périssait, assassiné par un criminel qu'il avait admis à partager sa laborieuse existence. Dans son histoire des États-Unis, M. Bancroft lui rend ce témoignage :

« Par la force de sa volonté, par la variété de ses connaissances et l'aptitude de son génie à vaincre les plus grandes difficultés ; par sa résignation à la volonté de Dieu, par l'énergie de ses résolutions et son infatigable persévérance, il égala les plus grands de ses concitoyens. On se souviendra de lui à travers les âges, comme du père de la colonisation, dans la grande vallée centrale de l'Ouest. »

Quant à Bienville, dont les dix frères consacrèrent à son exemple leur vie au service de la France, il continua l'œuvre commencée par Robert de la Salle à la Louisiane. Il s'y dévoua pendant quarante ans, opposant à d'immenses obstacles une inébranlable fermeté. Revenu en France dans sa vieillesse, il avait laissé une population de six mille âmes là où il avait conduit deux cent cinquante personnes.

En dehors de ces deux hommes d'un éminent mérite, la Compagnie des Cent-Associés, fondée en 1627, avait travaillé à civiliser le Canada. Elle s'était montrée sévère dans le choix des émigrants, et n'avait accepté que des familles honnêtes, chrétiennes, et venues surtout des campagnes de Bretagne ou de Normandie.

Cette société était douée d'un bon vouloir incontesté, avait une intention droite, mais elle était dépourvue de cette initiative intelligente, active, féconde, qui attire les ressources, inspire la confiance, surveille les détails et pourvoit aux besoins. Aussi ne sut-elle pas développer la colonisation. Elle ne parvint pas même à sauvegarder ses intérêts privés. En 1663, après trente-six ans de labeurs, elle était ruinée, dissoute, et le nombre des colons ne dépassait guère deux mille.

La France reprit alors possession du Canada, et résolut de protéger efficacement les émigrés contre les Iroquois, leurs perpétuels ennemis. Une ordonnance royale étendit à la Nouvelle-France les principes administratifs qui régissaient la mère-patrie. Elle organisait à Québec un Conseil, investi de prérogatives analogues à celles des Parlements. Il était chargé d'enregistrer les édits du souverain, de leur donner ainsi force de loi, d'administrer les finances, de diriger l'exploitation des forêts, le commerce, l'industrie, et de juger en dernier ressort les affaires civiles et criminelles.

Ce Conseil était composé du gouverneur, de l'intendant, d'un procureur du roi et de plusieurs conseillers.

Sous le rapport religieux, le Canada avait d'abord relevé de l'archevêché de Rouen. En 1657, le Souverain Pontife y avait créé un vicariat apostolique, érigé en évêché treize ans plus tard. L'évêque fut appelé à siéger au Conseil supérieur (1).

Le gouverneur, investi des droits les plus étendus, avait le pouvoir de requérir la force armée, réglait les affaires extérieures et représentait le roi.

L'intendant, à l'instar des préfets de nos jours, mais avec plus d'autorité, administrait les finances, la marine, le commerce, etc. Une partie des affaires judiciaires rentrait dans ses attributions ; on pouvait en appeler de ses décisions au Conseil d'État siégeant à Paris.

Quant à la législation, il fut décidé que la Nouvelle-France suivrait la coutume dans laquelle on introduisit quelques modifications locales. Cette coutume admettait le partage égal des successions, mais la division des propriétés, par suite de ce principe, en vint à de telles proportions que l'exploi-

(1) Le premier évêque du Canada fut Mgr François de Laval, de l'illustre maison de Montmorency, ses vertus brillèrent d'un vif éclat, et ajoutèrent un nouveau lustre à son nom, déjà si glorieux.

tation des terres était presque impossible. Pour remédier à ce grave inconvénient, une loi défendit de parceller les terrains qui n'avaient pas un arpent et demi de large sur trente de long.

Les concessions territoriales étaient accordées avec le titre de seigneurie à des personnes réputées honorables et capables de les bien administrer. Elles en confiaient ordinairement la culture à des soldats vétérans ou à des familles laborieuses et chrétiennes, moyennant certaines redevances fixées d'avance, en argent, en blé ou en prestations. Ces fermiers devaient entretenir en bon état les voies de communication, fournir au seigneur le bois dont il avait besoin, faire moudre leur blé au moulin du propriétaire, et y laisser la quatorzième partie de la farine, pour droit de mouture.

Les colons étaient obligés d'acheter à la France les objets manufacturés dont ils avaient besoin; ils ne pouvaient vendre qu'à cette condition les produits de leurs travaux. Il leur était interdit, sous des peines sévères, de commercer avec des étrangers. Plus tard, les règlements établirent la liberté du commerce, de l'industrie, ils permirent aux

Canadiens de fabriquer, vendre et acheter, sans entrave, sans restriction.

Dès que le pays fut placé sous l'autorité directe de la couronne, la colonisation prit un sérieux essor, développé par les sages et habiles mesures de l'intendant Talon, dont la famille était justement honorée dans les annales du parlement de Paris. L'agriculture, l'exploitation des bois, des mines de fer, les pêches de morue reçurent une impulsion inaccoutumée. Des vaisseaux, construits à Québec, facilitèrent les transports, et le commerce des pelleteries acquit une telle importance que la valeur annuelle de ses produits dépassa bientôt trois millions. Mais, entraînés par le goût des aventures maritimes, les colons anglais émigraient en plus grand nombre que les français. Ils fabriquaient, à bon compte, les marchandises et les échangeaient contre des fourrures avec les sauvages. Ils façonnaient des étoffes de leur goût, et leur vendaient, sans scrupule, sans entrave, ces funestes liqueurs fortes, qui les passionnaient en les abrutissant, tandis que la loyauté du roi de France interdisait cette vente, afin d'éviter les abus de l'ivrognerie, et il faisait respecter chez les pauvres Indiens les droits de la faiblesse et du malheur. Aussi, pendant un certain temps, les plus grosses parts des pelleteries allèrent aux Anglais, et leurs gains dépassèrent sensiblement les nôtres. Le temps et l'expérience tournèrent au profit de notre nation. Les Canadiens finirent par comprendre où étaient leurs vrais amis ; et leur attachement a bravé les injures du temps : il a survécu à tous nos désastres. A la fin du siècle dernier, Chateaubriand, visitant les peuplades qui avaient connu nos religieux et nos Sœurs hospitalières, remarquait qu'elles se souvenaient avec reconnaissance du drapeau de la France.

« Un mouchoir blanc, dit-il, suffisait pour passer en sûreté à travers les hordes ennemies et pour recevoir partout l'hospitalité. »

A la fin du XVIIe siècle, la Nouvelle-France comprenait la plus grande partie de l'Amérique du Nord. Elle était limitée de ce côté par la baie d'Hudson, au midi par le golfe du Mexique, à l'est par l'Océan Atlantique, à l'ouest par les grandes prairies, situées en avant des Montagnes-Rocheuses, et connues de nos jours sous le nom de Far-West. Cette immense superficie se divisait en plusieurs parties ainsi dénommées : au nord, le pays de la baie d'Hudson et le Labrador ; à l'est, l'Acadie, le Canada proprement dit et Terre-Neuve ; à l'ouest, les pays d'en haut, situés autour de nos grands lacs ; au midi, la Louisiane, dans la vallée du Mississipi.

Les gouvernements de Versailles et de Londres vivaient en bonne intelligence, parce que la maison des Stuart avait besoin de l'alliance de Louis XIV ; mais, en Amérique, les colons anglais luttaient incessamment contre nos compatriotes, envahissaient leurs possessions, et suscitaient contre eux les Iroquois, toujours disposés à nous attaquer. M. de la Barre, gouverneur du pays, était un vieillard infirme. Il perdit un temps précieux, que les ennemis mirent à profit pour se rendre plus redoutables. Rappelé en France, il eut pour successeur le marquis de Démouville, colonel de cavalerie, bien décidé à inspirer aux indigènes le respect de la puissance française. Mais il débuta contre eux par un acte très blâmable, de nature à diminuer ce sentiment dans leur esprit.

Avant les premières hostilités, il eut la malheureuse idée d'attirer plusieurs chefs iroquois, d'une complexion robuste, dans un guet-apens. Il les fit prisonniers, au mépris du droit des gens, les embarqua pour la France, où ils furent employés aux travaux des galères. Cet indigne procédé exaspéra les peuplades au lieu de les intimider. Il augmenta leur soif de vengeance au lieu de leur inspirer l'amour de la paix. Les Iroquois coururent aux armes, furent vaincus dans plusieurs rencontres, virent leurs villages incendiés, leurs contrées ravagées ; et, comme elles avaient su se préparer d'inaccessibles retraites, elles réussirent en quelque temps à réparer leurs pertes.

Dès qu'elles se crurent suffisamment préparées, elles recommencèrent la lutte avec l'appui de l'Angleterre. La révolution de 1688 avait détrôné le roi catholique Jacques II. Elle avait appelé au pouvoir son gendre Guillaume III, prince protestant de la maison d'Orange, et stathouder de Hollande. A partir de ce jour, l'antique alliance, qui unissait les deux nations, d'ailleurs si souvent rivales, fut rompue ; une ère nouvelle d'hostilités s'ouvrit, dura vingt-cinq ans, fut suivie d'une paix de trente années. Puis, la guerre recommença ; et comme la France refusa des moyens suffisants de défense, cette dernière guerre aboutit à la destruction de notre puissance maritime et à la perte de notre colonie.

Les Iroquois, plus soutenus que jamais par les Anglais, pillèrent la partie occidentale du Canada, pendant plus de dix années, et jusqu'en 1700 ils incendièrent, massacrèrent, et assouvirent leur rage avec d'autant plus de facilité, que nos colons, disséminés sur une immense étendue de territoire, ne pouvaient leur opposer aucune résistance efficace.

Groupés, associés, se prêtant un mutuel secours, les Français se seraient défendus avec succès. Isolés, abandonnés à eux-mêmes, ils étaient à la merci des sauvages, et devaient subir les plus horribles traitements. Nous aurons une idée de la férocité de ces barbares quand nous aurons lu la relation du massacre de la Chine, petit bourg situé dans l'île de Montréal, à trois lieues de la ville de ce nom. Ils y pénétrèrent la nuit (25 août 1689) et y trouvèrent tous les habitants endormis. Ils commencèrent, dit le P. Charlevoix, par tuer les hommes; ensuite ils mirent le feu aux maisons. Les personnes qui s'y trouvaient tombèrent entre les mains des barbares, et endurèrent toutes les horreurs que la fureur peut imaginer.... Des enfants vivants furent mis à la broche, des mères furent contraintes de les torturer, pour les faire rôtir. Des supplices inouïs furent inventés. Deux cents personnes de tout sexe, de tout âge, périrent ainsi dans les plus affreux tourments. Les Iroquois s'approchèrent ensuite jusqu'à une lieue de Montréal, renouvelant partout les mêmes cruautés ; et, qnand ils furent las de tant d'horreurs, ils firent deux cents prisonniers qu'ils emmenèrent dans leurs villages.

Toutefois, à partir de 1696, on parvint à faire respecter nos compatriotes. Leurs villages se fortifièrent ; on vit des femmes elles-mêmes se défendre contre les attaques des sauvages ; et pendant que l'intérieur du pays s'organisait, à l'extérieur, des tribus, alliées à la France, pénétraient sur le territoire anglais, où elles exerçaient de terribles représailles. Le roi de France venait d'ailleurs de donner, pour la seconde fois, au Canada, un gouverneur capable de rassurer le pays sur son avenir ; c'était le comte de Frontenac, qui avait déjà dirigé très habilement la colonie pendant dix ans. Appelé de nouveau à la tête de la Nouvelle-France, il y resta jusqu'à sa mort. A cette époque, les Anglais faisaient de redoutables préparatifs pour s'emparer de nos possessions. Ils envahissaient l'Acadie, Terre-Neuve, la baie d'Hudson, et se disposaient à prendre nos places fortes. Frontenac, déployant une intelligente activité, pourvut aux plus pressants besoins, mit en état de défense Montréal, Québec, réunit dans cette dernière ville toutes les forces dont il pouvait disposer, et y attendit l'ennemi de pied ferme. Phibs, amiral de la Grande-Bretagne, vint l'y chercher avec une flotte de trente vaisseaux et le fit sommer de se rendre, en lui donnant une heure pour se décider. Le gouverneur répondit immédiatement par la bouche de son canon, et ouvrit le feu contre les navires anglais. Après trois jours de combats acharnés, les assaillants étaient repoussés, subissaient des pertes considérables, et devaient retourner à Boston. Ce glorieux fait d'armes eût du retentissement en France; une médaille, frappée en l'honneur de cette victoire, fut chargée d'en perpétuer le souvenir.

Bientôt les Français purent prendre l'offensive, et cette dernière partie de la campagne fut conduite avec autant de fermeté que de succès par le chevalier d'Iberville, capitaine de vaisseau, fils d'un des premiers colons Normands. Il était né à Montréal, d'une famille nombreuse et entièrement vouée au service de la patrie. Sur ses dix frères, huit embrassèrent la carrière des armes. Cet officier distingué détruisit le fort Pémaguid, élevé par les Anglais sur le territoire de nos alliés, comme une perpétuelle menace contre l'Acadie. Il rasa les établissements fondés par les ennemis à Terre-Neuve et à la baie d'Hudson. Avec un seul navire, il attaqua trois vaisseaux bien armés : grâce à des manœuvres hardies, habilement combinées, il parvint à faire sombrer un bâtiment, à en capturer un autre, et le troisième fut renversé par un coup de vent.

Pendant ces brillants exploits, le comte de Frontenac luttait avec avantage contre les Iroquois. Il commençait des constructions pour la défense de nos frontières, quand le traité de Ryswick (1697), et celui de Montréal (1701), suspendirent les hostilités.

La convention de Ryswick, intervenue entre la France et l'Angleterre, reconnaissait à la France l'intégrité de son territoire américain, y compris la baie d'Hudson, et désignait la rivière Saint-Georges comme limite entre l'Acadie et la Nouvelle-Angleterre.

La convention fut signée un an avant la mort de Frontenac. Cet illustre gouverneur termina sa carrière en 1698. « Il était alors, dit le P. Charlevoix, dans sa soixante-dix-huitième année : mais dans un corps aussi sain qu'il est possible de l'avoir à cet âge, il conservait la fermeté, la vivacité d'esprit de ses plus belles années. Il mourut comme il avait vécu, chéri de plusieurs, estimé de tous, avec la gloire d'avoir, sans presque aucun secours de France, soutenu et même augmenté une colonie, ouverte, attaquée de toute part, qu'il avait trouvée sur le penchant de sa ruine. »

Le traité de Montréal fut signé par les chefs de plusieurs tribus iroquoises, et par le chevalier de Callières, nouveau gouverneur du Canada. Religieux observateur de sa parole, et résolu de faire exécuter celle de ses adversaires, il parvint, dès ses débuts, à imposer aux sauvages. Il fut efficacement secondé dans ses négociations par un puissant chef des Hurons, appelé Kondiaronck, surnommé le *Rat*. C'était un vieillard d'une grande valeur, distingué par son esprit et par son courage. Il avait embrassé avec bonheur la vraie religion, et la pratiquait dans toute sa conduite.

La ratification du traité eut lieu solennellement en 1701. Dès la première séance, Kondiaronck se trouve mal, puis il revint à lui, prit la parole et captiva l'attention générale par un discours plein d'éloquente loyauté. Après ce dernier effort, l'orateur épuisé retomba fort malade : il mourut la nuit suivante, éclairé, soutenu par une foi vive, qui rappelait celle des premiers chrétiens.

Ce douloureux événement n'empêcha pas la conclusion de l'œuvre à laquelle le puissant guerrier avait préparé les esprits. Trente-huit chefs de tribus étaient réunis. Chacun d'eux prit successivement la parole. Celui des Algonquins, jeune et vaillant capitaine, dont le concours avait aidé les Français à réduire les Iroquois, voulut alors adresser au gouverneur des paroles simples, sorties d'un cœur bon et confiant. S'avançant vers le chevalier de Callières, il lui dit :

— Mon Père, je ne suis pas homme de conseil, mais j'écoute toujours ta voix. Tu as fait la paix, et j'oublie le passé.

Tous les membres du congrès donnèrent leur adhésion, fumèrent, en signe d'harmonie, le grand calumet de paix, et ils chantèrent le *Te Deum* d'actions de grâces. Un repas abondant, des feux de joie, des illuminations, plusieurs décharges d'artillerie, une distribution de cadeaux, envoyés par le roi de France à ses alliés, tels furent les moyens employés pour fêter un événement sans précédent au Canada, et dont il y avait lieu d'espérer de salutaires résultats.

Cependant la paix fut de nouveau troublée par l'Angleterre, en 1704. Cette puissance fit, pour s'emparer de l'Acadie, des tentatives qui échouèrent d'abord devant la résistance de nos soldats. Mais, en 1710, les efforts de nos ennemis finirent par triompher. Le pays, écrasé par le nombre et l'habileté des envahisseurs, tomba dès lors au pouvoir des Anglais.

Les Iroquois avaient promis, dans leur traité, d'observer une complète neutralité; ils respectaient leurs engagements : Quant aux Anglais, quoiqu'ils fissent de grands sacrifices d'hommes et d'argent, ils étaient aussi souvent battus que victorieux, lorsque la paix d'Utrecht, imposée à Louis XIV par ses revers, termina la guerre et fit peser sur notre colonie les conditions les plus désastreuses (1719). Non seulement l'Acadie, mais la baie et le détroit d'Hudson, Terre-Neuve (avec la réserve pour la France du droit de pêcher sur la côte), furent abandonnés à l'Angleterre; cette heureuse rivale, forte de nos défaites en Europe, dicta elle-même sa volonté, et mesura, selon ses intérêts, l'étendue de nos sacrifices. Les clauses du traité étaient si funestes à notre influence au Canada, elles livraient si complètement à nos rivaux les abords de la colonie, qu'ils en préparaient la perte irréparable.

Les limites de l'Acadie n'avaient pas été fixées dans la convention. Cette contrée se composait uniquement d'une presqu'île. Les Anglais prétendirent qu'elle comprenait les bassins dont elle est entourée, ainsi que le territoire des Abénaquis,

WASHINGTON

alliés de la France. Sans attendre la solution d'une question qui devait être tranchée par les commissaires des deux parties contractantes ; ils attaquèrent cette peuplade, et, supposant que le R. P. Rasle, son insigne bienfaiteur, était hostile à leurs ambitieux projets, ils le massacrèrent. Recueillons le témoignage que lui rend, malgré ses préjugés de race et de secte, l'honorable M. Bancroft :

« Le vénérable Sébastien Rasle, dit-il, apôtre et compagnon des sauvages pendant plus d'un quart de siècle, avait réuni un village florissant autour d'une église, qui pouvait, dans le désert, avoir quelques prétentions à la magnificence. Très ascétique, rigoureux observateur du jeûne, il ne buvait jamais de vin, il ne se nourrissait que de maïs pilé. Il avait bâti sa cabane, il labourait son jardin, puisait son eau, et il préparait lui-même ses austères repas. Il distribuait tout ce qu'il recevait, donnant ainsi l'exemple de la pauvreté religieuse. Il s'occupait en même temps de décorer son sanctuaire, sachant que la foi des sauvages a besoin d'être éveillée par des emblèmes qui frappent les sens. Il avait lui-même orné de peintures les murs de son église; il y prêchait chaque jour, puis il tempérait dans les wigwams l'esprit de dévotion par des conversations familières, par une innocente gaieté. Il achevait de gagner ainsi les âmes par la persuasion. — Quarante jeunes Abénaquis, revêtus de soutanes et de surplis, l'assistaient dans les offices et dans les processions qui attiraient grand nombre de Peaux-Rouges. Deux chapelles avaient été bâties près du village, l'une était érigée à la Sainte Vierge et ornée de sa statue; l'autre était placée sous l'invocation de l'Ange gardien. Les chasseurs s'arrêtaient là pour réciter leurs prières.

» Dans la saison du gibier de passage, quand la tribu descendait sur les bords de la mer, le P. Rasle la suivait et une chapelle de bois s'élevait promptement sur une petite île. »

Les Anglais surprirent les Abénaquis le 23 août 1724. Les rares guerriers qui se trouvaient dans leur port coururent aux armes et essayèrent de résister, pour donner aux femmes, aux vieillards et aux enfants le temps de prendre la fuite. Le P. Rasle, connaissant l'animosité des ennemis contre sa personne, accourut, afin d'attirer leurs coups sur lui et de sauver ainsi ces chers néophytes. Ce sublime dévouement rendit les services qu'il ambitionnait. Beaucoup de sauvages eurent le temps de traverser la rivière qui coulait près de leur village, pendant que les ennemis dévastaient l'église, y mettaient le feu et martyrisaient le vénérable religieux. Quand, après la retraite des barbares, alliés aux Anglais, les Abénaquis revinrent à leur village, ils eurent la douleur de voir le corps inanimé du R. P. Rasle, scalpé! Le crâne était fracassé, la bouche et les yeux remplis de boue! Ils l'ensevelirent en versant bien des larmes, au lieu même où il avait l'habitude de célébrer les saints mystères. Il était dans sa soixante-septième année, et en avait passé trente-sept au Canada. Il avait évangélisé avec succès plusieurs tribus de la vallée du Mississipi, et quand on essayait de l'éloigner de ceux qu'il avait enfantés à la grâce, il répondait :

— Dieu m'a confié ce troupeau, je suivrai son sort, heureux si je suis immolé pour son plus grand bien.

La mémoire du R. P. Rasle est encore en bénédiction chez les Abénaquis. Un siècle après sa mort, une députation de la tribu alla trouver Mgr Caroll, archevêque de Baltimore, pour lui offrir le crucifix du martyr, et lui demander, en retour de cet hommage, un prêtre catholique. Les ministres protestants avaient essayé de pénétrer chez eux; mais ils n'avaient pas voulu céder à leurs instances, et ils les avaient éconduits.

Quelques années plus tard, l'évêque de Boston, Mgr Feuwick, achetait le champ arrosé du sang du P. Rasle pour y bâtir une église.

Quand la France apprit la conduite des Anglais envers une tribu pacifique, quand elle sut le martyre du R. P. Rasle, elle fut douloureusement indignée; mais ne se croyant pas assez forte pour châtier les coupables, elle prit le parti de gagner du temps et de garder le silence. Sachant d'ailleurs tout ce qu'elle avait à craindre de ses redoutables voisins, elle mit à profit trente années de paix, pour élever quelques forts sur ses frontières et organiser un système, malheureusement incomplet, de défense. Dans le but de faciliter les communications de la métropole avec le Canada, elle construisit la ville et les remparts de Louisbourg, à l'entrée du golfe

Saint-Laurent, sur la côte orientale de l'île du cap Breton.

Grâce à l'habile administration du cardinal de Fleury, la colonie put développer ses éléments de prospérité. Malgré les entraves imposées par les lois du pays, l'agriculture et l'industrie prirent un certain essor : le chiffre des colons doubla ; de 25,000, il s'éleva à 50,000. Des explorateurs firent connaître les pays situés à l'ouest des montagnes Rocheuses, et ces importantes découvertes rendirent la France tout à fait maîtresse des terres connues sous le nom de Bassin des cinq lacs.

Cependant nos rivaux s'accommodaient mal de nos succès. Toujours désireux de nous ravir notre Nouvelle-France, ils voyaient d'un œil chagrin tout ce qui pouvait y consolider notre puissance. Aussi épiaient-ils les occasions de nous susciter des difficultés, de nous attaquer, de nous affaiblir. Des faits regrettables, survenus à Louisbourg en 1744, leur en fournirent les moyens; ils ne manquèrent pas de s'en emparer. Les soldats de la garnison s'insurgèrent alors contre leurs chefs, parce qu'ils étaient employés à des travaux ordonnés pour compléter les forts, et que le supplément de solde promis pour des fatigues exceptionnelles ne leur était pas payé. Les Anglais, informés par leurs espions de ce qui se passait dans la petite armée, vinrent attaquer la ville. Devant l'ennemi, les séditieux rentrèrent dans le devoir; mais ils ne manifestèrent ni élan, ni enthousiasme. Les officiers, inquiets de leur esprit, n'osèrent pas ordonner des sorties qui eussent suffi pour repousser l'ennemi. On resta derrière les remparts, et, au bout de quelque temps, le commandant, privé de vivres et de munitions, crut devoir se résigner à une capitulation. Bientôt des pluies abondantes détrempèrent le sol; des secours arrivèrent de France. Si la défense se fut un peu prolongée, si les conseils du découragement n'eussent pas prévalu, la ville eût été sauvée; une défaite humiliante eût été évitée.

Les hostilités se continuèrent sans résultats importants; Louisbourg ne fut rendue que quatre ans plus tard par le célèbre traité d'Aix-la-Chapelle, qui termina la guerre allumée entre la France et l'Angleterre, à propos de la succession d'Autriche (1748). Il fut convenu que toutes choses seraient rétablies au Canada, dans l'état où elles étaient avant la guerre, et que la diplomatie réglerait définitivement les limites réciproques des deux colonies.

Malgré cet accord solennel, les Canadiens ne pouvaient compter sur une paix de longue durée. Il était évident que les Anglais étaient décidés à méconnaître nos droits et à devenir les maîtres de notre colonie. Aussi les gouverneurs, malgré l'exiguité de leurs ressources, se préparaient-ils à opposer une vigoureuse résistance aux empiétements de nos voisins. Ils multiplièrent les forts et les postes militaires, afin d'empêcher l'ennemi de franchir nos frontières, et l'amiral Duquesne arriva fort à propos pour rétablir l'ordre et la discipline dans l'armée. Elle comptait alors dans ses rangs une foule de déserteurs et d'hommes tarés qui la déshonoraient. Le service se faisait mal; trop souvent l'impunité encourageait les récidives. L'obéissance à la règle avait singulièrement faibli; et, quand ce principe est méconnu par les hommes chargés de le faire respecter, la société court à sa ruine. Duquesne comprit le danger, et résolut de le conjurer. Son active fermeté, ses efforts soutenus, ses sévéri bien placées réformèrent beaucoup d'abus. Au b de deux ans, le personnel avait été épuré, l'esp s'était amélioré, les milices étaient instruites et so mises. Quinze mille bourgeois étaient armés ; on espérait désormais de sérieux services.

Sans attendre le règlement diplomatique rela aux frontières, et avant les conférences des plénip tentiaires, les Anglais envahirent de nouveau le te ritoire de la France sur plusieurs points à la foi Après bien des lenteurs, la commission finit pa se réunir ; mais l'Angleterre était décidée à s'em parer par la force de ce qu'elle n'obtenait pas pa les voies amiables, et nos représentants n'opposaien aux prétentions ennemies que des arguments irré fragables, sans les soutenir par des renforts suffisants de troupes.

Aussi les agents diplomatiques des deux puissances se séparèrent, sans avoir pu réussir à remplir leur mandat.

Pendant les négociations, les colons anglais de la Virginie pénétrèrent sur les terres en litige, et même sur celles qui appartenaient sans contestation à la France; Duquesne résolut alors de repousser par la force toute nouvelle tentative d'empiétement. Il prit des mesures sérieuses pour défendre la vallée de l'Ohio, découverte en 1671 par le courageux de la Salle, et il commença les hostilités qui devaient amener les deux nations européennes sur le champ de bataille américain.

En 1754, Dinwiddie, gouverneur de la Virginie, envoya, pour occuper les terres de l'Ohio, une colonne de milices anglaises, commandées par un jeune major de vingt et un ans, déjà remarquable par son caractère; c'était Georges Washington, le futur président des États-Unis. Il chargea son avant-garde de construire près de la rivière un petit fort, bien vite attaqué, puis détruit par les Français; ils firent prisonniers ceux qu'ils y rencontrèrent.

Aussitôt le capitaine de Contrecœur, chef de la troupe chargée de garder la frontière française, envoya l'un de ses officiers, M. de Jumonville, au major anglais, pour le sommer de se retirer. Le nouveau négociateur avait à traverser d'épaisses forêts et des pays occupés par plusieurs peuplades ennemies. La prudence lui conseillait de s'entourer d'une escorte. Il prit avec lui trente-six hommes, et aussitôt il se mit en route pour accomplir sa mission. Mais, après quelque temps de marche, il se vit tout à coup cerné et attaqué par les troupes anglaises, au mépris des principes les plus vulgaires du droit des gens. Washington commanda le feu. Jumonville fut tué avec neuf de ses soldats : les autres furent blessés, faits prisonniers ou mis en fuite.

Washington a cherché, sans pouvoir y parvenir, à se disculper de sa faute.

« A ses yeux, dit-il, la guerre existait, il n'y eut pas guet-apens, mais combat entre détachements ennemis. L'escorte de Jumonville empêchait de reconnaître le parlementaire en sa personne, et la faute commise en l'attaquant devait lui être imputée. »

De telles allégations se réfutent d'elles-mêmes; elles sont impuissantes à modifier le caractère du fait incriminé.

Après cette malheureuse rencontre, Washington construisit, snr une des sources de l'Ohio, le fort de la Nécessité, afin de se défendre sur le territoire français que les Anglais avaient envahi. Contrecœur envoya M. de Viliers, frère de M. de Jumonville, pour repousser l'ennemi. L'expédition fut conduite avec vigueur, et amena les Anglais à capituler. Les conditions faites aux vaincus furent honorables et conciliantes.

Le roi Louis XV ne voulut pas encore se résigner à la guerre. Il se contenta d'envoyer au Canada une partie seulement des troupes et des secours dont le pays avait besoin pour sa défense; les compagnies, choisies pour faire l'expédition, se distinguaient par leur excellent esprit. Les soldats connaissaient les périls de la traversée; ils savaient d'avance les privations et les sacrifices qui les attendaient. La pensée de servir la France et le roi enflammait leur ardeur. Chacun sollicitait comme une faveur d'être désigné pour la campagne.

On partit de Brest le 3 mai 1755, sous les ordres du baron Dieskau. Le mois suivant, trois vaisseaux français, séparés depuis quelques jours de l'escadre, rencontrèrent l'amiral anglais, devant le Saint-Laurent, à la tête de onze navires; il stationnait là pour empêcher la France de communiquer avec le Canada. L'un de ces navires, appelé l'*Alcide*, s'approcha d'assez près d'un des vaisseaux français pour que les voix pussent se faire entendre. Les capitaines respectifs des deux bâtiments entrèrent en relations. Le chef français demanda s'il était possible de compter sur la paix, ou s'il devait s'attendre à la guerre. « La paix! la paix! » telle fut la réponse courte et distincte qui lui fut donnée à deux reprises. Mais deux mots furent ensuite échangés entre le capitaine et ses subordonnés. Immédiatement après, les canons de l'ennemi, partant de quatre vaisseaux à la fois, et spécialement de celui qui venait de parlementer, mirent bientôt l'*Alcide* hors de combat. Un autre fut pris avec les troupes qu'il conduisait au secours de la colonie. Le troisième seul put échapper aux poursuites et arriver à Louisbourg sans avarie. A partir de cette époque, le gouvernement anglais prescrivit à ses vaisseaux de poursuivre les nôtres pour les détruire. La perte de trois cents bâtiments fut pour notre commerce la triste conséquence de cette mesure déloyale qui transformait les marins anglais en pirates.

Cependant la guerre n'était pas encore déclarée, et Louis XV, toujours désireux de l'éviter, venait de donner une nouvelle preuve de son esprit de conciliation, en offrant de neutraliser les terres situées entre les deux colonies rivales. Cette proposition ne fut pas accueillie, et après des agressions, si contraires aux lois des relations internationales, le roi dut rappeler de Londres son ambassadeur.

L'armée d'Angleterre comptait alors quinze mille hommes au Canada; celle de la France ne dépassait pas sept mille. Cette disproportion décida le baron Dieskau, commandant de notre petite armée, à garder la défensive, en se préparant à repousser l'attaque. Elle se produisit de trois côtés à la fois. Il obtint en Acadie de faciles succès. Deux forts, mal construits par les Anglais, défendus par une milice peu nombreuse, d'ailleurs trop peu exercée, furent condamdamnés à se rendre.

Dans la vallée de l'Ohio, le fort Duquesne fit une belle résistance : après un combat acharné, il obligea les assaillants à la retraite. Cette victoire lui valut quinze pièces de canon, des armes, des munitions et un butin considérable.

Enfin, près du lac Saint-Sacrement, les Anglais furent encore battus. Mais le baron Dieskau, leur vainqueur, fut mortellement blessé.

L'hiver suivant (1756) on se prépara, de part et d'autre, à de nouvelles luttes. Malheureusement la France n'envoya que des secours insuffisants. Mais le nouveau chef, chargé de commander la petite armée, avait un mérite éminent. C'était le marquis de Montcalm, issu d'une des plus nobles familles du Rouergue.

Entré, dès l'âge de treize ans, dans le régiment de son père, il arrivait au Canada, précédé par une brillante renommée. Laborieux, intelligent, appliqué à ses devoirs, mais vif parfois jusqu'à l'emportement, en face des désordres à réprimer ou des obstacles à vaincre, il comptait dans ses états de service de glorieux faits d'armes. Quand il était colonel, il avait reçu trois blessures à la tête de son régiment. Après la bataille, il avait dû accepter un congé de convalescence ; puis, apprenant que ses bataillons devaient faire prochainement campagne, il n'avait voulu céder à personne le périlleux honneur de les commander. Malade encore, il s'était fait porter à la frontière pour rejoindre sa troupe, il avait très vaillamment payé de sa personne, et deux nouvelles blessures l'avaient mis hors de combat.

BREST, 1755. — DÉPART DES TROUPES FRANÇAISES POUR LE CANADA.

Il amenait au Canada des officiers distingués, entre autres : le chevalier, le futur duc de Lévis, qui devait conquérir par son mérite le bâton de maréchal de France ; le capitaine de Bougainville, qui s'illustra plus tard dans la marine ; et le colonel de Bourlamagne, très habile ingénieur.

Le général de Montcalm allait avoir à lutter contre d'insurmontables difficultés. Le marquis de Vaudreuil, gouverneur de la colonie, était un homme pacifique animé de bonnes intentions, mais il manquait d'énergie pour accomplir le bien. Il ne réprimait pas les abus, et les concussions avaient pris des proportions inouïes. Les deniers publics étaient dilapidés. Les fonctionnaires, qui vivaient aux dépens du trésor public, affichaient un luxe scandaleux, tandis que les colons manquaient parfois du nécessaire. Les troupes elles-mêmes oubliaient la discipline, et l'obéissance faiblissait. Montcalm, alarmé de ces désordres, résolut d'y porter remède. La faiblesse du gouverneur, son laisser-aller, ses tolérances pour les coupables ne tardèrent pas à amener entre lui et le général une mésintelligence, qui devait se prolonger, s'accentuer avec le temps, et empirer une situation déjà très compromise.

Ainsi la guerre allait se continuer sous de tristes auspices. La mauvaise administration du pays était loin d'entretenir chez les plus vaillants ce généreux enthousiasme qui sauva parfois les causes presque désespérées. Cependant les chefs de la petite armée étaient décidés à tout faire pour justifier la confiance du roi, pour sauver la colonie, et la suite de leur conduite montra combien ils restèrent fidèles à cette résolution.

Le plan de campagne de Montcalm fut d'abord d'agir avec prudence, de diviser ses troupes de façon à garder le mieux possible les frontières, et de ne pas aller au dela de ce qu'une saine appréciation de trop faibles ressources permettait d'entreprendre. Cependant au mois d'août de sa première année de campagne (1756) le général partit de Frontenac, et se dirigea sur Chouagen, dont les fortifications étaient une menace perpétuelle pour le Canada. Dans cette affaire, le comte de Vaudreuil, frère du gouverneur et commandant des milices, se signala par une manœuvre hardie, qui décida la victoire. Il parvint à traverser à la nage une rivière entre deux des forts de Chouagen. Il réussit à occuper une colline qui dominait le troisième fort, y établit une batterie, et amena ainsi la capitulation des Anglais, réduits à cette extrémité par le feu de notre artillerie.

Cette courte expédition, conduite avec une grande vigueur, nous coûta treize hommes tués ou blessés. Elle nous livra plus de 1,600 prisonniers, 120 bouches à feu, 5 bâtiments de guerre, 200 bateaux, des provisions de toute sorte et un numéraire d'une valeur considérable.

Après la victoire de Chouagen, l'armée régulière rentra dans ses lignes de défense; mais les Canadiens se jetèrent de nouveau sur la Nouvelle-Angleterre, afin d'amener l'ennemi à demander la paix. Le but ne fut pas atteint, parce que les Anglais conservaient toujours l'espérance d'un triomphe définitif.

Pour ménager à la France des chances sérieuses de succès, son gouvernement eût dû consacrer à la guerre d'Amérique toutes les ressources dont il pouvait disposer. Une autre détermination prévalut dans les conseils de la couronne. Louis XV venait de décider qu'il prendrait part à la guerre de Sept-Ans, déclarée entre l'Autriche et la Prusse, et cette résolution fut fatale à notre colonie. Quand le marquis de Vaudreuil réclama de nouveaux renforts, on lui répondit que la conservation de nos possessions d'outre-mer devenait une charge trop onéreuse pour le trésor, et le ministre eut peine à lui accorder quinze cents hommes avec des vivres et des munitions de guerre, secours presque dérisoire, en présence des ressources de l'Angleterre. Tandis que la France mesurait son assistance avec tant de parcimonie, William Pitt, l'illustre homme d'État, dont les talents égalaient l'ambition, devenu premier ministre de la Grande-Bretagne, se préparait à faire de sa patrie la première puissance maritime du monde, et la France allait perdre l'importante colonie du Canada.

CHAPITRE IV

Continuation de la guerre contre les Anglais. — Vaillants efforts des officiers et des colons. — Siège de Louisbourg. — Forts Carillon et Duquesne. — Bataille de Québec. — Montcalm et Wolf meurent en héros (septembre 1759). — En 1763, un arrêt châtie les concussionnaires du Canada. — Cette même année, la Nouvelle-France passe sous la domination des Anglais qui persécutent les colons catholiques. — Treize ans plus tard (1776), les États-Unis se détachent de l'Angleterre. — Appréciations d'auteurs anglais et protestants sur les mœurs et les vertus de nos compatriotes. — Témoignage de M. Marmier.

Quoique la lutte de la France contre les Anglais devint de plus en plus inégale au Canada, Montcalm repoussait avec sa chevaleresque énergie la tentation du découragement.

« Nous combattrons, écrivait-il, dans son vaillant langage ; nous nous ensevelirons, s'il le faut, sous les ruines de la colonie. »

La suite de cette histoire nous dira s'il resta fidèle à sa parole. Suivons-le dans chacune des dernières années de sa carrière militaire. Nous le verrons observer, lui et ses officiers d'élite, les meilleures traditions de l'esprit français.

Les Anglais avaient construit le fort William Henry, à la tête du lac Saint-Sacrement, afin de pouvoir tomber à l'improviste sur les postes de Carillon et de Saint-Frédéric, qui défendaient notre frontière. Il était urgent de les déloger de cette position. Aussi, dès l'hiver de 1757, une colonne de soldats, de miliciens et de sauvages, affrontant des froids rigoureux et des fatigues inouïes, s'avança jusqu'au pied des remparts, brûla les chantiers, les magasins, et détruisit les approvisionnements. En été, Montcalm se présenta devant le fort pour en faire le siège, et, au bout de quelques jours, les Anglais se résignèrent à capituler.

Pendant l'année 1758, l'armée de la Nouvelle-France ne comptait pas 6,000 soldats, et Pitt, fidèle à la politique qu'il avait inaugurée en faveur des colons anglais, obtenait avec leur concours personnel des sacrifices destinés à préparer la victoire. Il envoyait en Amérique, comme directeur des opérations militaires, le célèbre Abercromby, pouvant disposer de vingt-deux mille soldats, de trente-huit millions, sans compter un corps de réserve de trente mille hommes, en voie d'organisation. Il avait résolu d'attaquer la colonie française de trois côtés à la fois, à Louisbourg, au fort Carillon et au fort Duquesne.

Le fort Duquesne, une première fois, repoussa les Anglais; puis, comme il manquait de vivres, il fut obligé de congédier une partie de ses défenseurs. Aussi, quand le commandant apprit que l'ennemi allait revenir à la charge, persuadé de l'impossibilité de lui opposer une assez sérieuse résistance, il évacua le poste, le brûla, et se retira sans être inquiété.

Louisbourg avait des fortifications en partie écroulées, et cependant le siège de cette place par les Anglais dure plusieurs mois. Le chevalier de Drucour, son gouverneur, déploya la plus énergique bravoure. Sa femme, digne compagne d'un tel officier, voulait partager ses périls; elle donnait elle-même l'exemple du courage devant l'ennemi. Chaque jour, elle allait aux batteries les plus avancées, et y mettait le feu. Les troupes, électrisées par de si vaillants modèles, résistèrent jusqu'à la dernière extrémité. Lorsque le gouverneur crut devoir se rendre, pour éviter la ruine et le sacrifice inutile de la ville et de ses quatre mille habitants, les remparts étaient démolis, l'escalade était facile en plusieurs endroits, les canons se trouvaient presque tous hors de service, deux mille hommes étaient malades, blessés ou tués, et les rares soldats valides étaient accablés de fatigues et de privations.

Ce désastre portait un coup mortel à la puissance de la France. La prise de Louisbourg ouvrait à l'Angleterre la route de Québec, et lui permettait d'intercepter les communications de la colonie avec la métropole.

Pendant que la France subissait cet échec, Montcalm, secondé par le chevalier de Lévis, défendait avec succès le fort Carillon contre les redoutables attaques du général Abercromby. La place, située sur un plateau élevé, à la jonction de deux rivières, n'était accessible que d'un seul côté, et encore, à cet aspect, était-elle garnie de remparts improvisés, qui protégeaient, sur une longue étendue, les abords de la forteresse. A la tête de quatorze mille hommes, le général anglais attaqua ces lignes avec une grande énergie. Six fois, ses colonnes s'efforcèrent de les entamer, six fois elles furent vigoureusement repoussées. Après l'assaut le plus acharné, Abercromby fut contraint à la retraite. Il avait perdu plus de cinq mille guerriers.

L'importante victoire de Carillon retarda d'une année l'invasion du Canada par les Anglais, et fut très glorieuse pour Montcalm. Il ne disposait que de trois mille hommes : mais son intelligence, sa valeur, son incessante activité soutenaient l'entrain de sa petite armée, et les troupes allaient au feu, en criant : « Vivent le roi et notre général ! » Ce triomphe n'eût pas le triste privilège d'inspirer de l'orgueil au vainqueur. A ce propos, il écrivait au gouverneur :

« Je n'ai ici que la bonne fortune de me trouver le général de troupes pleines de courage. Le succès est dû à la vaillance incroyable de l'officier et du soldat. »

Quand l'heureuse nouvelle parvint en France, le roi demanda qu'un *Te Deam* d'actions de grâces fut chanté dans l'église métropolitaine de Paris ; puis, il envoya des grades et des décorations à ceux dont Dieu s'était servi pour donner la victoire. Mais le gouvernement français ne sut pas se montrer digne de l'encouragement donné par la Providence. Pour conserver notre colonie, dont la prospérité aurait si puissamment influé sur celle de la métropole, il eut fallu se décider à ne plus mesurer avec parcimonie les secours et les sacrifices. Les Canadiens jetèrent un cri d'alarme; ils ne furent pas exaucés. Le Ministre de la guerre répondit par une sorte de refus déguisé! Quinze bâtiments chargés de provisions et six cents recrues furent toute l'assistance accordée à une colonie expirante! Ce fut le dernier coup porté à notre belle possession d'outre-mer!

En 1759, comme l'année précédente, l'Angleterre divisa ses troupes en trois corps d'armée, afin d'attaquer le Canada de trois côtés à la fois. La tâche la plus difficile et la plus importante fut confiée à un officier de valeur, appelé Wolf, âgé seulement de trente-trois ans. Il fut chargé de marcher sur Québec, et déploya, dans cette campagne, les talents et les qualités d'un grand général.

La lutte suprême allait s'engager; elle devenait chaque année plus inégale. En 1759, elle révélait pour la France un caractère tout à fait alarmant. Du côté des Anglais, une armée de soixante mille hommes : du nôtre, cinq mille cinq cents soldats et quelques milliers de sauvages dont le nombre diminuait sensiblement. Les catholiques nous restaient fidèles, mais les idolâtres nous abandonnaient, à mesure que notre chute devenait plus prochaine, et ils travaillaient à se ménager la protection du vainqueur.

Le gouverneur, réduit aux derniers expédients, ordonna la levée en masse de la population coloniale : l'empressement avec lequel cette mesure rigoureuse fut adoptée fit voir une fois de plus l'amour des colons pour la mère patrie. Non seulement les miliciens de seize à soixante ans répondaient à l'appel et accouraient sous les drapeaux ; mais on vit arriver dans les compagnies des enfants de douze ans et des vieillards octogénaires. Montcalm obtint ainsi quinze mille combattants, décidés à exposer leur vie pour conserver les biens les plus précieux, le foyer domestique, la patrie et la religion. Il se réserva la tâche de défendre Québec avec le concours de MM. de Lévis et de Bougainville. La ville était si mal fortifiée, qu'elle n'aurait pu résister à la formidable artillerie anglaise, si le général en chef n'avait eu soin de la couvrir par un camp retranché et de s'y fixer dans une position avantageuse. Wolf arriva en vue de la ville avec une armée de trente mille hommes. Après une arrogante sommation, restée sans réponse, il commença le bombardement, détruisit la ville basse, accessible au canon de ses batteries, brûla mille quatre cents maisons, et ravagea le pays. Il voulait faire sortir les troupes françaises de la position qu'elles occupaient. Quand il eut constaté l'inutilité de ses efforts, il s'établit solidement lui-même près du ravin de Montmorency, et il lança de là son armée avec cent dix-huit bouches à feu contre des adversaires réduits à dix canons! Les assiégés firent des prodiges, et partout ils repoussèrent les Anglais. Cette défaite de Wolf rendit un peu d'espoir aux assiégés : mais, hélas! le répit fut de courte durée!

Le général anglais, au lieu de battre en retraite, essaya de tourner la position de Montcalm. Sa flotte était maîtresse du fleuve Saint-Laurent qui défendait Québec. Il profita de cet avantage pour chercher au milieu des rochers, situés le long du Montmorency, un endroit favorable à un débarquement. Il parvint à découvrir un lieu propice à mille mètres au-dessus de Québec, dans une petite baie appelée l'*Anse du Foulon*. Par de fausses manœuvres, il trompa la vigilance des sentinelles françaises, chargées de le surveiller, et le 13 septembre, à une heure du matin, le débarquement commençait. Les Anglais mirent pied à terre sans être inquiétés, gravirent les falaises par un étroit sentier caché sous des broussailles, et le lendemain matin, grâce à cette habile tactique, Wolf déployait son armée sur le plateau, où Montcalm se croyait en sûreté !

A dix heures, les ennemis se trouvaient en présence ; bientôt ils en vinrent aux mains avec un vif acharnement : mais le feu nourri, bien dirigé par les Anglais si nombreux, amena notre déroute. Les deux généraux ennemis furent mortellement blessés. Une balle perça la poitrine de Wolf. Il voulut alors être soutenu par un officier, afin que ses soldats ne le vissent pas tomber et ne perdissent rien de leur élan. Dès qu'il sut le gain de la bataille, il rendit grâces à Dieu, et déclara qu'il mourait content.

Quant à Montcalm, criblé de blessures, il sortit de ce monde le lendemain de la défaite. Lorsque le chirurgien lui apprit que sa mort était proche, il demanda combien il avait encore de temps à vivre.

— Dix à douze heures, lui fut-il répondu ; peut-être moins.

— Plus la mort sera prompte, reprit-il, et mieux cela vaudra : car alors je ne verrai pas ici-bas les Anglais dans Québec !

Il eut encore l'énergie d'assister au Conseil de guerre, et de prouver qu'on pouvait, en quelques heures, assembler les troupes disséminées dans le pays, afin d'attaquer de nouveau les Anglais avant qu'ils eussent pu rentrer dans leurs retranchements. Puis il déclara sa volonté de passer la nuit dans la prière et le recueillement, afin de se disposer à paraître devant Dieu. Le lendemain, muni des Sacrements de l'Église (14 septembre 1759), il expirait à l'aube du jour (1) !

(1) Ses restes mortels reposent dans l'église des Ursulines, à Québec. Une inscription, posée en 1859, pour le centième anniversaire de sa mort, célèbre les mérites de cet illustre lieutenant général. Elle honore l'éminent citoyen, le grand capitaine, parvenu aux plus hauts grades par son seul mérite. Endurci au froid, à la faim, aux veilles, aux fatigues, il était, dit-elle, pour ses soldats, plein d'une sollicitude qu'il portait jusqu'à l'oubli de lui-même. Il puisa dans sa foi la source de ses vertus, et il mourut fortifié par la religion qu'il avait toujours pratiquée.

WILLIAM PITT

Les troupes, profondément affligées de la mort d'un général si aimé et si digne de l'être, se réfugièrent dans Québec. Bougainville, chargé d'observer les mouvements de l'ennemi, surpris par ses manœuvres, n'avait pas pu arriver sur le champ de bataille ; il avait dû battre en retraite. Le chevalier de Lévis était au lac Champlain pour contenir et arrêter l'invasion. Privés de plusieurs de leurs officiers les plus distingués, les vaincus commirent la faute de se retirer au fort de Jacques Cartier, en abandonnant la garde de la capitale à quelques compagnies de miliciens démoralisés.

Dès qu'il apprit le désastre du 13 septembre, le chevalier de Lévis revint en toute hâte à Jacques Cartier, afin de se mettre à la tête de la petite armée, de la ramener à Québec et d'empêcher l'ennemi de s'en emparer ; le 19, cinq jours après la défaite, ses bataillons se trouvaient à une petite distance de la ville, mais, hélas ! il était trop tard ! La veille, le capitaine des miliciens, privé de vivres et de munitions, avait capitulé avant même que le siège fût commencé !

Au printemps de l'année suivante, Lévis revint à

Jacques Cartier, réunit les débris des troupes et résolut de reprendre Québec aux Anglais. Le 28 avril 1760, il arrivait sur le plateau où Montcalm et Wolf s'étaient rencontrés l'année précédente. Efficacement secondé par Bourlamagne, il battit les Anglais, les mit en déroute, prit leur artillerie, blessa huit cents hommes et força leurs épais bataillons à chercher un refuge dans la ville dont ils avaient chassé les habitants, parce qu'il craignait de leur part, pendant la bataille, un soulèvement en faveur des Français.

Quand le chevalier de Lévis vint assiéger la ville, il se servit avec grande réserve de ses dernières munitions, attendant de jour en jour un secours de la France. Un vaisseau chargé de provisions aurait pu le sauver; mais nos bâtiments, partis trop tard de Bordeaux, n'arrivèrent pas à temps. La flotte anglaise, au contraire, apparut bientôt au bas du fleuve Saint-Laurent. C'était le triomphe des ennemis.

Lévis dut lever le siège et opérer sa retraite sur Montréal. Les Anglais dirigèrent de ce côté les trois corps d'armée dont ils disposaient, afin d'entourer la ville et de l'obliger à se rendre. Le général français s'efforça de ranimer le zèle des Canadiens, de calmer les inquiétudes trop fondées des fournisseurs de l'armée, créanciers dont les lettres de change n'étaient plus soldées. Il décida les officiers et les soldats à se dessaisir de leur argent de poche pour acheter du pain et se ménager la subsistance de trente jours; puis il prépara la lutte. Il avait à peine 4,000 hommes à opposer à 40,000 ennemis! Les fortifications de Montréal consistaient seulement en un mur peu épais avec des fossés, construits et creusés depuis bien des années, destinés autrefois à prévenir une surprise des Iroquois! Aussi le marquis de Vaudreuil, toujours gouverneur de la colonie, d'accord avec le Conseil de guerre, défendit de prolonger une lutte trop inégale, et le valeureux commandant fut obligé de poser les armes le 8 septembre 1760. A partir de ce jour, nos colons, si éminemment français, passèrent au pouvoir de l'Angleterre.

Trois ans plus tard (1763), un grand scandale recevait un châtiment trop tardif.

Ce scandale, longtemps toléré, cousistait en une

série de concussions commises au Canada. D'odieuses dilapidations, à l'ombre desquelles s'étaient rapidement élevées des fortunes considérables, avaient épuisé les fortunes du pays. L'opinion publique appelait une sévère répression. Aussi, en 1761, un arrêt du Conseil d'État et une ordonnance du roi chargeaient vingt-sept conseillers du Châtelet de juger cinquante-cinq accusés. Le total des restitutions ordonnées s'élevait à douze millions!

La même année, un humiliant traité, signé à Paris, cédait à la Grande-Bretagne toutes les possessions françaises de l'Amérique du Nord; il réservait à nos quatre-vingt-deux mille compatriotes catholiques le droit de professer leur culte, *autant que le permettaient les lois de l'Angleterre.* Cette phrase, dont nos diplomates ne saisirent pas toute la portée, servit à l'oppression des consciences. Le roi Georges III s'empressa d'imposer à la nouvelle conquête les mesures persécutrices adoptées en Angleterre.

Nos malheureux compatriotes regrettèrent vivement leur patrie, cette patrie qu'on aime toujours, mais qu'on chérit davantage le jour où on la perd.

Ils furent accablés d'impôts et de vexations. La loi du bannissement fut décrétée, exécutée même contre des milliers d'entre eux ; mais ils se montrèrent résolus à tout souffrir plutôt que de renoncer au catholicisme. L'union de nos paisibles colons vivant comme une famille de frères, la pureté de leurs mœurs, leur dévouement à la France, leur attachement à la vérité restèrent inaltérables. L'Angleterre, après avoir odieusement abusé du droit de conquête, ne tarda pas à être châtiée. Soumis, tant que le voisinage des Français leur faisait sentir le besoin d'être protégés par la métropole, les colons anglais songèrent à secouer le joug, dès qu'ils furent rassurés de ce côté; et dix ans plus tard, en 1776, leurs représentants proclamaient l'indépendance des États-Unis. Quand ils eurent secoué le joug de la mère-patrie, la rigueur des iniquités qu'elle avait commises contre les colons français fut tempérée. Les tracasseries dont ils étaient les continuelles victimes firent place à un régime plus équitable. La législation française, associée à certaines lois criminelles de l'Angleterre, fut rendue à la province de Québec. Les catholiques furent déclarés admissibles aux emplois publics du pays, et la milice nationale fut organisée.

Mais les adoucissements ne changèrent pas l'esprit hostile des vainqueurs. Les vaincus en souffrirent pendant près d'un siècle. Le salutaire ascendant du catholicisme sur leurs cœurs les préserva de deux écueils : la révolte et l'apostasie. Malgré de pernicieuses influences, ils ont *gardé la foi*, c'est-à-dire *la lumière* de leurs intelligences et la joie de leurs âmes. Ils se sont garantis des idées révolutionnaires ; ils ont conservé leur ancienne manière de voir, leur langue, leurs traditions, leur amour pour la France. Par la dignité et la loyauté de leur conduite, ils ont amené les protestants eux-mêmes à honorer leurs vertus. A cet égard, les historiens anglais leur rendent justice.

« Le cultivateur du Bas-Canada, c'est-à-dire le colon, originaire de France, dit l'un d'eux, vit simplement et se contente de peu. L'étranger, s'il parcourt les villages du pays, est salué de tous côtés par les jeunes et par les vieux avec tant de grâce et de cordialité, qu'il se sent bien vite de la sympathie pour les habitants. S'il entre dans les maisons, il les trouve bien tenues; il reçoit chez tous, même chez les plus pauvres, un accueil, une hospitalité qui le charme.... Les opinions, le pays, la religion de l'étranger peuvent n'être pas de leur goût; mais, tant qu'il réside sous leur toit, dût-il y rester des mois entiers, jamais il n'entendra un mot qui puisse heurter ses sentiments ou blesser son orgueil. »

« Les Canadiens français, dit lord Durham, sont bons, bienveillants, sobres, industrieux, honnêtes, très sociables, gais, hospitaliers, distingués dans leurs manières. Ils ont une politesse qui se rencontre dans toutes les classes de la société. »

Godley avoue sa profonde sympathie pour les Canadiens français. Il énumère plusieurs de leurs attachantes qualités. Il loue leur gaieté de cœur, leur politesse inspirée par l'esprit de bienveillance, leur respect pour les supérieurs, leur confiance pour les amis, leur amour pour la religion.

Le docteur Shaw pense qu'ils surpassent de beaucoup, sous le rapport moral, le peuple d'Angleterre.

« Je les ai vus, dit-il, se réunir à l'église, en grand nombre, à cinq heures du matin, et j'ai appris qu'ils s'y rendaient souvent dès quatre heures, prouvant ainsi qu'ils ne sont pas nonchalants quand il s'agit de servir Dieu. »

« Tout ce que nous voyons des Canadiens français, dit M. Buckingham, nous autorise à penser qu'ils sont les plus heureux parmi les habitants du globe. Je les crois plus sobres, plus vertueux, plus contents de leur sort que les Américains. »

A côté de ces appréciations impartiales, émanées d'auteurs anglais et protestants, nous pourrions placer les témoignages de divers historiens français et catholiques. Nous nous bornerons à en citer un seul, c'est celui d'un auteur distingué (1), digne des sympathies de ses nombreux lecteurs, par son esprit, sa loyauté, son talent et son amabilité.

« Jamais, dit-il, je n'oublierai l'impression que j'ai ressentie en visitant pour la première fois le Canada. Je venais de traverser une partie des États-Unis, qui, je dois le dire, ne m'avaient pas converti à leur république. Après un dur trajet dans des wagons égalitaires, et sur des bateaux non moins

(1) M. X. Marmier, de l'Académie française, sorti de ce monde il y a plusieurs années.

égalitaires, après deux ou trois transbordements au milieu d'une foule tumultueuse et batailleuse, soudain quel changement!

» Devant moi, dans des plaines paisibles, s'élèvent des maisons avec le jardin et l'enclos, comme on les voit en Normandie. A mes yeux apparaissent des physionomies dont je me plais à observer l'honnête et bonne expression. A mes oreilles résonne l'idiome de la terre natale. Mon cœur se dilate, ma main serre avec confiance une autre main. Je ne suis plus en pays étranger; je suis sur le sol du Canada, dans l'ancien empire de nos pères. Quel empire! De l'est à l'ouest, un espace de cinq cents lieues; à l'une de ses extrémités, les profondeurs du golfe Saint-Laurent; à l'autre, le lac Supérieur, le plus grand lac de l'univers. Entre ces deux immenses nappes d'eau, des forêts d'où l'on peut tirer des bois de construction pour le monde entier, des pâturages, des champs de blé et de maïs, les rustiques *loghouses* (maisons de bois) des défricheurs. Le long des clairières, les riants villages; des villes superbes au bord des fleuves et des rivières. Toutes les œuvres de la science moderne, chemins de fer, bateaux à vapeur, télégraphes. Cette belle contrée, trois fois plus grande que l'Angleterre et l'Irlande, était à nous, et se rejoignait, par le bassin du Mississipi, à la Louisiane, conquise aussi par nous. Et de tout cela, plus rien à la France ! pas le moindre hameau ! Mais la France est là, vivante en un plus grand nombre de familles, qu'au temps où elle y avait ses citadelles et ses gouverneurs, sa conquête territoriale lui a été enlevée ; sa conquête d'affection s'est accrue par l'accroissement continu de sa population. Entre Québec et Toronto, il y a maintenant 700,000 Canadiens d'origine française.

» Qu'on se figure une de ces plantes dont un coup de vent emporte le germe sur une plage étrangère, où il prend racine, se développe et produit des rejetons qui peu à peu s'élèvent au milieu d'un amas de plantes étrangères. C'est l'image de cette population française, si petite d'abord, mais si ferme, qui a grandi entre les tribus indiennes, qui les a graduellement dominées, et qui maintenant conserve, sous le régime britannique, dans les villes comme dans les campagnes, les traits distinctifs de sa nationalité ; dans les villes, tout ce qui représente l'idée intellectuelle ; écoles et musées, livres et journaux ; des hommes instruits, des écrivains de talent ; des salons où règnent encore ces habitudes de bonne grâce, d'exquise politesse, dont la France a donné le modèle au monde entier ; dans les campagnes, l'humble travail agricole de l'*habitant*. C'est ainsi que l'on désigne les descendants de nos anciens colons, comme si eux seuls résidaient à poste fixe dans le pays, comme si les Anglais et les Américains qui y sont venus successivement étaient seulement des passagers.

» Le fait est qu'il reste solidement établi dans sa ferme, cet honnête habitant : si petite qu'elle soit, il ne pense point à la quitter. Il ne se laisse pas séduire par tout ce qu'il entend raconter des fructueuses plantations en d'autres contrées, des spéculations du commerce et de l'industrie. Si petite qu'elle soit, il se plaît à la cultiver, content de vivre au lieu où il est né, et de faire ce que son père a fait.

» En cheminant dans les sentiers du Bas-Canada, si vous rencontrez un de ses habitants, soyez sûr que, jeune ou vieux, le premier il vous saluera très poliment, et, pour peu que vous témoigniez le désir de vous arrêter dans son village, il vous invitera à visiter sa maison, une très humble maison, mais très propre, les murs blanchis à la chaux, et des fleurs sur les fenêtres; pas de meubles superflus, ni de provisions luxueuses; quelques jambons peut-être et quelques bouteilles de vin dans le cellier pour les jours solennels. Nulle grosse somme dans l'armoire, mais certainement deux ou trois actes qui constatent la filiation de cet honnête paysan et son origine. Ce sont là ses titres de noblesse. Il sait par là que son aïeul est venu de la Normandie, de la Bourgogne, de la Bretagne ou de la Franche-Comté. Si vous pouvez lui parler de la province à laquelle se rattachent ses traditions de famille, il en sera très touché. Heureux philosophe, parce qu'il est chrétien! La modération de ses goûts écarte de lui la griffe de l'avarice et de l'ambition; ses habitudes d'ordre et d'économie lui donne le bien-être, ses croyances religieuses lui assure la paix du cœur.

» Jadis, notre empire canadien s'appelait la Nouvelle-France; en le voyant aujourd'hui avec ses lois, ses mœurs d'un autre temps, et sa langue qui a gardé la sévère élégance du XVIIe siècle, nous pourrions bien l'appeler l'ancienne France, et j'ajouterais : la fidèle, la charmante France. »

En 1884, M. Frédéric Gerbié, faisait paraître à Québec un livre intitulé *le Canada et l'émigration française.* Un jour, il était à bord d'un bateau à vapeur allant du cap Breton au lac du Bras-d'Or. A peine était-on parti qu'un passager le surveille, s'approche de lui timidement, et lui dit, après avoir beaucoup hésité :

— Monsieur, vous êtes Français sans doute, on le voit bien à votre mine. Parlez-moi donc de mon pays.

— Comment votre pays ?

— Eh ! oui, je viens aussi de la France ; mon arrière-grand-père servait dans les gardes françaises. Ah ! nous ne l'oublions pas, notre cher pays.

Nous les Français de France, dit M. Champlain, nous avons trop oublié le Canada. Il faut nous rappeler (selon la remarque d'un écrivain du *Correspondant*), l'un des épisodes les plus glorieux de notre histoire.

« Le catholicisme, dit-il, répandu jusqu'au cœur

de l'Amérique du Nord, la nationalité française fortement établie sur les bords du Saint-Laurent, la science servie avec intrépidité, la guerre soutenue avec éclat. Les entreprises hardies et de grandes découvertes ; des actes du plus sublime dévouement et des exemples d'une invariable fidélité ; de merveilleux combats et des conquêtes surprenantes ; des fondations pieuses qui sont devenues des institutions fécondes ; des établissements coloniaux que nous voyons aujourd'hui étaient florissants ; des navigateurs pleins de génie ; des missionnaires brûlés du feu de la charité ; des voyageurs qu'aucun danger n'effraie, qu'aucune fatigue n'arrête ; des administrateurs habiles ; d'héroïques guerriers ; une population pieuse autant que brave, laborieuse et patiente, vigoureuse, intelligente, active ; des nations sauvages inébranlablement attachées à notre cause par les doubles liens de la religion et de la reconnaissance. Tels sont, résumés en quelques mots, les glorieux résultats obtenus par les Français au Canada. »

CHAPITRE V

Contraste entre les colons français et anglais. — Organisation politique. — Une peuplade française dans l'extrême nord. — Villes principales. — Instruction primaire et secondaire. — Accroissement du nombre des catholiques par la conversion des protestants. — Diocèses du Canada. — Clergé séculier et régulier. — Vie des missionnaires chez les sauvages. — Lettre du R. P. Choué : ses voyages d'hiver. — Trait touchant de foi. — Conversion obtenu par une ferveur persévérante.

En 1701, le Parlement anglais avait adopté la division de la colonie en deux provinces : le Bas-Canada, composé des colons d'origine française, et le Haut-Canada, peuplé surtout des émigrants de la Grande-Bretagne. Nos compatriotes, au nombre d'environ 80,000, à cette époque, s'étaient échelonnés aux rives du fleuve Saint-Laurent, sur deux lignes, de soixante lieues chacune, s'étendant de Québec à Montréal. Nulle part ils n'avaient formé d'agglomération importante. Cependant ils surent conserver avec énergie leur nationalité. Au lieu de se laisser entamer par les nouveaux venus, ils élargirent leur double rangée de villages, s'établirent sur les coteaux voisins et envahirent les forêts de l'intérieur. Tout fut tenté par l'Angleterre pour empêcher ce résultat, mais rien ne réussit; et on aime à le répéter, ils sont restés une race éminemment française, on les reconnaît à leur visage maigre et ovale, à leurs yeux noirs et vifs, à leurs lèvres minces, à leur nez aquilin. Dans la campagne, le teint, bruni par le hâle, devient aussi foncé que celui des Indiens. Lenrs maisons, construites en bois, rarement en pierre, n'ont qu'un seul étage; mais elles sont ordinairement entourées d'un jardin et d'un petit verger bien entretenus. Les habitations les plus riches sont ornées de galeries, et là les principales chambres sont décorées de lambris peints avec des couleurs à effet. Les hommes sont vêtus d'une large redingote descendant jusqu'aux genoux et serrée à la taille par une ceinture. Ils portent un ample pantalon, de grosses bottes, un chapeau de paille en été, un bonnet de laine ou de fourrure en hiver. Le costume des femmes se rapproche encore davantage de la mode française. Longtemps les habitants du Canada tissèrent eux-mêmes les étoffes de laine et de lin à leur usage ; ils tannaient les peaux destinées à leurs chaussures, ils tricotaient leurs bas et tressaient les pailles de leurs chapeaux. A notre époque, les prix peu élevés des marchandises anglaises ont considérablement diminué l'importance des produits domestiques. Quelques-uns cependant se fabriquent encore dans le pays ; tels sont le savon, la chandelle, le sucre d'érable, les canots, les instruments agricoles et les modestes voitures dont se servent les colons français. Les qualités morales des habitants contribuent à l'agrément, à la sûreté des relations, à l'union des familles et aux bons sentiments dont les diverses classes de la société sont réciproquement animés. Le père et la mère sont heureux de se sentir entourés de leur nombreuse postérité, comme d'une couronne, et il n'est pas rare de voir les petits enfants groupés avec joie autour de leur aïeul dans une douce harmonie. Les dimanches et les fêtes sont consacrés à l'entier accomplissement des devoirs religieux, puis à d'innocentes récréations.

Les colons d'origine britannique se sont établis surtout dans le Haut-Canada ; ils ont peuplé le territoire situé entre la rivière Ottawa et les grands lacs : pays fertile, favorisé par son climat.

Les Anglais conservent en Amérique les mœurs de leur pays. Ils sont aventureux, et se distinguent par un esprit d'entreprise, opposé au caractère plus calme des Français canadiens. Les deux races ont peu de sympathie l'une pour l'autre, à moins que la conformité de leurs croyances ne les rapproche et ne les unisse.

Quant aux anciennes et nombreuses tribus indigènes, elles ont presque entièrement disparu du Canada ; ce qu'il en reste s'est réfugié à l'extrémité du pays. La plupart ont embrassé la vraie religion, ont formé des villages, adonnés à la culture de la terre. Les sauvages, dont le nombre diminue chaque année, se livrent aux exercices de la chasse ; ils errent à l'aventure, sans demeure permanente.

La population d'origine anglaise ou du Haut-Canada, moins considérable que celle d'origine française ou du Bas-Canada, s'augmenta d'abord plus vite. La première puisait son accroissement à deux sources, les naissances et l'immigration, qui s'éleva, dans certaines années, à 40,000 individus. La seconde ne se multipliait que par les naissances. Aussi le chiffre de la colonie britannique dépassa celui de la race française. Mais l'immigration anglaise est fort diminuée, et comme l'accroissement des Canadiens français par les naissances est bien plus rapide que celle de leurs voisins, ils tendent à reprendre leur niveau, peut-être même arriveront-ils à le dépasser. D'ailleurs l'espace libre devient rare dans le Haut-Canada : les fertiles terres d'alluvions sont presque entièrement cultivées ; au contraire, le Bas-Canada comprend encore de très grands territoires que le travail de l'homme pourra féconder.

Son administration politique et administrative a varié plusieurs fois dans le cours de ce dernier siècle. Lors de sa division en deux départements distincts, chacun avait son gouverneur et ses assemblées législatives, c'est-à-dire une Chambre élective et un Conseil composé de membres nommés à vie par le souverain d'Angleterre. Cette constitution semblait favorable aux intérêts du pays ; mais si les lois exercent une grande influence sur les destinées des nations, la façon dont on les applique ajoute beaucoup à leur efficacité, ou en diminue singulièrement les bienfaits. Les autorités britanniques, longtemps dominées par la volonté de faire pénétrer dans le Bas-Canada les mœurs et les croyances religieuses dominantes en Angleterre, violèrent les stipulations favorables à nos compatriotes et suscitèrent de leur part les réclamations les mieux fondées. Leurs justes doléances, constamment formulées avec la plus respectueuse mesure, toujours repoussées par les autorités locales et centrales, faillirent, en 1837, se transformer en une révolte générale. Un certain nombre de Francs-Canadiens, prenant conseil de leur désespoir, coururent aux armes. Ils furent réduits dans une lutte sanglante, à la suite de laquelle leurs oppresseurs se permirent d'odieuses vengeances. Trois ans plus tard (1840), les Anglais, comprenant enfin que la mesure des iniquités était comble, donnèrent partiellement satisfaction à des griefs trop longtemps méconnus. A cette époque, une nouvelle constitution réunit les deux provinces sous la même administration. Un gouverneur fut investi du pouvoir exécutif. Un Conseil de quatre-vingts membres, désignés par lui, exerça la puissance législative, concurremment avec une assemblée de cent trente membres, élus tous les quatre ans. Le collège électoral fut composé de tous les habitants nés ou naturalisés au Canada, âgés de vingt et un ans, et propriétaires d'un domaine rapportant au moins 125 francs par an. Chaque année, le corps législatif vota les impôts qui furent, avec les autres revenus, consacrés à rétribuer les divers services administratifs.

Depuis 1840, plusieurs actes modifièrent la constitution dans un sens favorable à l'autonomie du pays.

En 1864, des députés représentant les colonies de l'Amérique du Nord s'assemblèrent à Québec, pour discuter et approuver un projet de confédération. Grâce au principe de l'association sagement pratiqué, ils espéraient donner plus d'essor à l'agriculture, à l'industrie, et un nouvel accroissement à la puissance nationale. Leurs aspirations se sont réalisées. En 1867, un acte du Parlement britannique, sanctionné par la reine Victoria, approuve la confédération du Canada, du Nouveau-Brunswick et de la Nouvelle-Écosse. Chaque état conserve son gouvernement et sa législation. Ils vivent séparés avec leurs coutumes, leurs tribunaux, leur Parlement distinct. Pour les intérêts généraux, il existe un pouvoir législatif fédéral, consistant en une Chambre basse et un Sénat. Ces deux assemblées se réunissent à Ottawa, devenue la capitale des trois contrées.

Dans cette même année (1867), la confédération canadienne, à peine constituée, fut autorisée à faire l'acquisition des vastes territoires dont jouissait la Compagnie de la baie d'Hudson. Cette fraction du Canada est d'une grande valeur. Elle s'étend de la vallée de la Rivière rouge aux Montagnes-Rocheuses du nord-ouest. Il y a là de magnifiques prairies et de belles forêts. Trois fleuves donnent au pays un aspect pittoresque.

La peuplade, qui habite une partie du pays, est celle des métis, nés de Canadiens français, mariés avec des filles de Peaux-Rouges. Il y a longtemps que leurs ancêtres ont quitté la France ; mais ils ont conservé leur langue, leurs mœurs, leur religion, et sont très appréciés en Amérique.

En 1869, la confédération acheta les terrains dont jouissait la Compagnie pour la somme de sept millions cinq cent mille francs. L'acte de cession, émanant du gouvernement anglais, autorisait à ouvrir les terrains à la colonisation, et à régler les droits des anciens propriétaires. Quant à la Compagnie, elle avait l'usufruit des terrains qui lui avaient été concédés, elle jouissait du monopole commercial, mais n'était pas propriétaire. La propriété appartenait aux métis qui s'empressèrent de protester contre la décision du pouvoir.

— Si l'on veut, dirent-ils, nous exproprier, pour cause d'utilité publique, on doit préalablement nous avertir, et nous indemniser.

Malgré leurs réclamations très fondées, la confédération résolut de passer outre, et de préparer la vente des terrains.

Quand le gouverneur, accompagné de géomètres et de troupes de police, essaya de pénétrer dans le pays, il rencontra une résistance à laquelle il était loin de s'attendre. Les métis avaient nommé un chef provisoire, et, au nom de ce nouveau pouvoir, ils empêchèrent d'envahir leurs territoires. Devant cette opposition, le chef de la confédération crut devoir reculer. Les métis avaient mis à leur tête un grand chrétien, homme distingué par sa valeur intellectuelle et morale, c'était Riel, qui s'était dévoué à leur cause avec un courage indomptable. Ayant rencontré dans le pays, à Winnipeg, capitale du Manitoba, des Anglais qui s'étaient insurgés contre les métis, il avait saisi les plus mutins, et il avait mis en jugement Scott, chef indigne du commandement, dont les crimes avaient été déclarés dignes de mort.

Le ministère fédéral, intimidé par l'énergie de Riel, envoya des émissaires pour proposer aux métis une amnistie générale et une quote-part dans le partage des terres. Ils acceptèrent ces offres et déposèrent les armes; mais, une fois maîtres de la situation, les Anglais, qui composaient en très grande majorité le gouvernement fédéral, retirèrent la parole donnée et refusèrent d'appliquer la convention, en alléguant qu'aucun écrit n'avait été signé. Ils ordonnèrent alors de procéder à un lotissement favorable aux Anglais du Manitoba. Ils laissèrent passer plusieurs années sans s'occuper des intérêts des métis. En 1879, les maîtres de la confédération les dépouillèrent de leurs héritages, prirent leurs maisons, leurs constructions de tout genre. Ils vendirent à une Société de colonisation une paroisse tout entière, avec son église, son école, ses habitations et ses terres, appartenant à trente-cinq familles.

Tant d'iniquités révoltèrent les victimes. Elles commencèrent par organiser un pétitionnement général. Des représentants honorables furent désignés pour aller porter leurs griefs au gouvernement. Mais il leur fut répondu qu'on ne les recevrait pas, qu'on accueillerait leurs chefs avec des chaînes, et leurs conseillers avec des balles.

Poussés à bout par de tels procédés, les métis levèrent l'étendard de la révolte. Dumont, président respecté d'une colonie de deux cents Français, fut chargé d'aller chercher Riel, son parent, qui s'était retiré en Amérique. N'écoutant que sa conscience, et son désir de secourir ses compatriotes, Riel revint en toute hâte, et fut élu chef du pouvoir. On se mit en état de défense, et avant d'entrer en campagne on fit une loyale déclaration de guerre. Les métis étaient peu nombreux et dépourvus d'artillerie; ils avaient à lutter contre mille hommes de troupes, protégées par des canons. La lutte était donc fort inégale. Cependant ils débutèrent par des succès. Ils obligèrent les Anglais à se retirer. Puis, le combat du Lac aux Canards (25 mars 1885) fut une victoire pour les métis, qui soignèrent avec un charitable dévouement les prisonniers et les blessés de l'armée ennemie.

Ces débuts valurent aux victorieux le concours de guerriers indiens et de chefs de Peaux-Rouges, irrités contre les procédés des Anglais. Ils gagnèrent une seconde bataille. Alors les Anglais envoyèrent de nouvelles troupes, et la trahison fit pour eux ce que leurs armes n'avaient pas encore obtenu. Un traître alla signaler à leur général un moyen facile d'arriver au camp des métis, qui furent alors battus, dispersés; Riel tomba au pouvoir des ennemis.

Ce vaillant défenseur des droits de ses compatriotes fut mis en accusation, livré à des juges gagnés à la cause anglaise. Déclaré coupable de haute trahison, il fut condamné à mort. La sentence fut exécutée le 16 novembre 1885.

Le P. André a raconté ses derniers moments. Nous emprunterons quelques passages à son touchant récit.

« Riel a pour ainsi dire sanctifié l'échafaud. Pendant sa dernière nuit, il n'a pas manifesté le moindre symptôme de frayeur.

» Il en consacra la plus grande partie à de ferventes prières. L'expression de son visage le transfigurait, et sa physionomie avait une expression céleste.

» Depuis vingt-cinq ans que j'exerce le saint ministère, jamais je n'ai été si consolé, si édifié.

» Il ne se permit pas un mot de plainte contre la sentence qui le frappait de mort, ni contre ses persécuteurs.

» Il était joyeux, en voyant approcher le terme de sa captivité, et le moment où il allait avoir le bonheur de s'unir pour toujours à Dieu.

» Quand il ne priait pas, il écrivait à ses parents ou s'adonnait à de pieux entretiens.

» Le lendemain matin, à cinq heures, je célébrai la messe à son intention. Il y communia avec une ferveur angélique. Ses cheveux peignés, ses vêtements simples mais propres symbolisaient la pureté de son âme.

» Il gravit bravement les degrés de l'échafaud,

et, avant d'être parvenu au sommet, il m'appela, m'embrassa, et, comme je me retirais, il me dit : « Courage, mon Père, courage ! » Puis il se recommandait encore à Dieu, et il invoquait le Sacré Cœur de Jésus, quand la trappe s'ouvrit sous ses pieds.

» Sa mort fut presque instantanée. Ses traits restèrent calmes, et sa figure n'éprouva aucune contorsion.

» La beauté de son âme se reflétait sur ses traits. Un rayon de la lumière divine semblait illuminer déjà son visage, ses yeux avaient un éclat extraordinaire ; ils paraissaient se perdre dans la contemplation des grandeurs divines.... »

Les nombreux assistants priaient et pleuraient, le bourreau lui-même était ému.

La population se montra très indignée de cette inique et cruelle exécution.

Le 23 novembre suivant, un meeting, composé de plus de cinquante mille Canadiens, votait, par acclamation, une motion flétrissante pour les membres du gouvernement fédéral.

On cite parmi les principales villes du pays : Ottawa, Kingston, Toronto, London, pour le Haut-

Canada ; Québec, Montréal, Trois-Rivières, William-Henry, pour le Bas-Canada.

Ottawa doit ses rapides développements à sa position géographique et à la rivière dont elle porte le nom. La ville fut fondée en 1826 par By, colonel anglais, qui, lui donnant son nom, l'appela Bytown (ville de By). Vingt-huit ans plus tard (1854), elle changea ce nom contre celui d'Ottawa. Elle est en partie bâtie sur deux promontoires qui s'élancent à près de deux cents pieds au-dessus du niveau de la rivière. Sur le plus élevé, on a construit, à grands frais, les édifices où siège le parlement du pays. Ces bâtiments grandioses, de style gothique, ont un aspect imposant. Il y a là un point stratégique, qui rend les fortifications presque imprenables, et les place, dans tout le Canada, immédiatement après celles de Québec.

Au pied de la ville, deux belles rivières viennent se jeter dans le majestueux Ottawa ; ce sont le Gatineau et le Rideau, ainsi nommé, parce que ses eaux, tombant perpendiculairement dans l'Ottawa, forment une cataracte de quarante-huit pieds de haut, et ressemblant à un rideau. Près de la ville l'Ottawa forme des chutes célèbres, appelées les chaudières. Les eaux surmontées d'un léger nuage se précipitent, en forme d'entonnoir, d'une hauteur de vingt pieds, et donnent l'idée d'une chaudière en ébullition. On a construit, au-dessus de ces chutes, une série de quatre ponts réunissant les deux Canada.

Des deux promontoires, on découvre d'immenses forêts, qui s'étendent à perte de vue. Aussi la ville est-elle le rendez-vous de nombreux marchands qui exploitent les bois avec des milliers de bûcherons. De là descendent bon nombre de ces pins gigantesques, qui, suivant les cours d'eau, arrivent à Québec, et, traversant les mers, alimentent les chantiers de marine du vieux continent.

Les rues spacieuses et régulières de la ville sont garnies de jolies maisons. La population dépasse 22,000 habitants.

Kingston (ville du Roi), est une place forte, construite sur le Saint-Laurent. Les Sœurs de Saint-Joseph y ont fondé un orphelinat, un hôtel-dieu pour les malades. Les religieuses de Marguerite Bourgeois élèvent les enfants.

Toronto, fondée en 1793, sur le côté nord-ouest du lac Ontario, est la capitale du Haut-Canada, et le siège d'un archevêché.

Les religieuses de Lorette et les Dames du Sacré-Cœur se vouent dans cette ville à l'éducation de la jeunesse. Les Sœurs de Saint-Joseph visitent et soulagent les pauvres.

Ses brasseries, ses distilleries, ses fonderies de fer, ses corderies, ses tanneries, ses fabriques de savons, de toiles cirées, ses ateliers d'ébénisterie, ses exploitations de blé, de laine, de fourrures, de bois de construction, attirent des foules ouvrières. Ses habitants dépassent le chiffre de 60,000.

London ne compte guère que le quart de la population de Toronto. Elle est citée pour son important commerce de blés.

Québec, capitale du Bas-Canada, est la ville la plus ancienne et la citadelle la plus forte du pays. Placée sur un promontoire de la mer, à gauche du Saint-Laurent, à plus de quatre-vingt mètres au-dessus du niveau de ce fleuve, elle fut commencée par les Français en 1608. Elle a été souvent en butte aux attaques des Anglais. Elle se divise en ville haute et ville basse, et compte plus de 70,000 âmes.

La ville haute a conservé ses vieilles constructions, avec ses rues étroites et tortueuses.

La ville basse, bien plus moderne, se distingue par l'élégance et la régularité de ses bâtiments ; son palais législatif est un bel édifice de date récente. Sur les façades, des niches sont destinées aux statues des grands hommes du Canada.

Québec est le siège d'un archevêché pour la province ecclésiastique du Bas-Canada. Les églises de la cité sont remarquables, et son hôtel-dieu, si secourable aux malades, est dirigé, depuis plus de deux cents ans, par les religieuses hospitalières de la Miséricorde de Jésus, placées sous la règle de saint Augustin. Plusieurs autres communautés rivalisent de zèle pour le soulagement des pauvres et l'éducation des enfants.

La ville de Québec a reçu des hôtes illustres dans ces dernières années. Ils ont témoigné leur cordial attachement pour un pays qui fut la première colonie française, et pour des habitants dont les ancêtres furent Français.

Le 27 octobre 1890, Québec était en fête parce qu'elle attendait l'auguste chef de la maison de Bourbon, le descendant des rois de France, Monseigneur le comte de Paris, et son fils aîné le duc d'Orléans. La magistrature, les représentants du pouvoir législatif, les plus hauts dignitaires, allèrent les attendre à la gare. Le maire, interprète de tous, prononça des paroles pleines de respect, de reconnaissance, d'amour pour les rois de France et pour les nobles visiteurs qui sont leurs descendants.

Le comte de Paris répondit avec une bonté toute gracieuse, exprima combien il était heureux de l'accueil qui lui était fait par des Français d'origine, dans une contrée qui mérite d'être appelée la Nouvelle-France. Il les félicita du bonheur dont ils jouissaient sous la domination de la reine d'Angleterre.

Plus récemment encore, en 1895, la famille de Lévis traversait les mers pour assister à l'inauguration d'une statue érigée à Québec, en l'honneur du maréchal de Lévis, qui avait remporté dans le pays la dernière victoire de la France, en faisant des prodiges de valeur. Dans cette cérémonie solennelle et avant tout religieuse, le marquis de Lévis, entouré de plusieurs membres de sa noble famille, reçut un chaleureux accueil et répondit, avec une éloquente émotion, aux divers discours qui lui furent adressés. Il a consigné les détails de cette inauguration dans une brochure pleine d'intérêt (1).

A beaucoup d'égards Québec est la première ville du Bas-Canada. Cependant Montréal l'emporte par son commerce, son industrie, et l'heureuse multiplicité de ses institutions charitables. Elle est construite, comme on l'a vu plus haut, près de l'embouchure de l'Ottawa, au milieu du fleuve Saint-Laurent, sur le côté sud de l'île fertile qui porte son nom. Son site est ravissant, c'est un port maritime situé à plus de cent lieues de la mer; ses murailles élevées, ses élégantes maisons, ses larges rues, sa promenade de Mont-Royal, ses nombreux vaisseaux dans la rade lui donnent l'aspect d'une ville européenne.

Montréal est le siège d'un évêché. Son séminaire est dirigé par les Sulpiciens, anciens et toujours insignes bienfaiteurs du pays.

(1) *Visite au Canada*. Imprimerie de la société Typographique, à Châteaudun.

Parmi ses monuments, on cite sa cathédrale, sa bibliothèque et son arsenal.

Son hôtel-dieu, aux proportions grandioses, est administré par les Sœurs de Saint-Joseph, qui exercent la charité dans toute sa perfection. Elles s'ingénient pour procurer aux malades les soins les plus délicats, et les plus touchantes attentions.

Un établissement très important, connu sous le nom d'hôpital-général, est dirigé par les Sœurs Grises. Pour le développer, la Providence suscita Madame d'Yauville, née de la Jainmars, fille d'un vaillant officier de marine. Veuve, après huit années de mariage, mère de deux fils prêtres, elle fut la première canadienne qui parvint à fonder un institut de miséricorde (1717). Elle consacra sa vie aux bonnes œuvres, sut grouper autour d'elle des compagnes animées de son esprit, décidées à vivre sous une règle commune, et elle accepta la charge d'administrer l'hôpital-général. Des secours inespérés, de merveilleuses assistances récompensèrent sa haute vertu. En quelques années, elle avait réussi à payer les dettes considérables de la maison, et à la reconstruire en l'agrandissant.

De nos jours, l'œuvre possède 50,000 francs de rente. Elle en dépense 150,000 et trouve toujours à les payer. Elle étend ses bienfaits aux infirmes des deux sexes, aux enfants trouvés et aux orphelins irlandais.

Les Sœurs Grises de Mme d'Yanville, appelées aussi Sœurs de la Charité, dirigent à Montréal deux autres maisons hospitalières. Elles administrent les fondations de Québec, d'Ottawa, de Saint-Hyacinthe et de Saint-Boniface.

Un siècle plus tard, une autre communauté naissait à Montréal : c'était celle des Sœurs de la Providence, instituée par Mme Gamelin, en faveur des orphelins, des sourds-muets et des aliénés. Canoniquement érigée en 1845, cette famille religieuse est répandue dans les villes et dans les campagnes du diocèse. Elle a pénétré dans celui de Saint-Hyacinthe; elle a été appelée au Chili et aux États-Unis.

En 1848, Mme veuve Galejean fondait les Sœurs de Sainte-Pélagie ou de la Maternité, pour assister les femmes en couche, et instituait au Canada l'œuvre établie à Metz dès le commencement de ce siècle.

La population de Montréal subit de rapides accroissements. En 1815, elle n'était que de 15,000 âmes. En 1881, elle s'était élevée à 140,000. Les Français d'origine y figuraient pour 75,000. La ville se partage en deux parties tout à fait distinctes. Les populations anglaises et françaises vivent en bon accord, mais ne se mêlent pas.

De nombreux bateaux à vapeur et trois chemins de fer multiplient les moyens de communication avec le Canada et les États-Unis. Un magnifique pont de trois kilomètres de longueur, construit en tubes métalliques sur le Saint-Laurent, permet à la voie ferrée de traverser le fleuve. Il s'appelle *Reine-Victoria* et il a coûté vingt millions. C'est une des merveilles du génie moderne.

En résumé, de nos jours, Montréal s'est enrichi de tant de bonnes œuvres qu'un annuaire d'environ deux cents pages suffit à peine pour en indiquer le but et les travaux. Elles s'adressent à tous les âges, à toutes les positions, à toutes les souffrances. Les Conférences de Saint-Vincent de Paul, par exemple, y répandent dans chaque quartier leurs bienfaits matériels et moraux. L'Association des

Bons-Livres, fondée en 1844 par le Séminaire de Saint-Sulpice, défend la foi et les mœurs, attaquées par des productions impies et immorales. Elle est affiliée à l'Archiconfrérie de Bordeaux, et a ouvert un cabinet de bonnes lectures, construit en face du Séminaire.

On trouve à Montréal les œuvres de Paris, et on en rencontre d'autres que la capitale de la France serait heureuse de posséder. Ainsi, comme autrefois dans notre pays, des corps de métiers se sont placés sous le patronage d'un saint. Les associés célèbrent pieusement la fête de leurs célestes protecteurs, les invoquent avec foi, obtiennent de précieuses grâces par leur intercession, et se prêtent une mutuelle assistance en cas de maladie et d'adversités.

Enfin l'instruction, les arts, les lettres, les sciences sont florissantes sous l'égide de l'Évangile, qui éclaire partout où il pénètre.

La ville des Trois-Rivières doit son nom à la place où elle a été bâtie. Les Ursulines y dirigent un pensionnat, une école gratuite et un grand hôpital. Elles développent le bien, commencé par Mme de

Champlain. Venue au Canada avec son mari, à l'âge de vingt-deux ans, cette pieuse dame s'était bien vite attirée les sauvages, qui voulaient l'adorer, en disant qu'ils n'avaient jamais vu quelqu'un d'aussi beau qu'elle. Devenue veuve, sans enfant, elle fit profession chez les Ursulines, et devint l'une des plus insignes bienfaitrices du pays.

Le sol du Haut-Canada est d'une merveilleuse fertilité, grâce à la couche épaisse de terre végétale dont il se compose. Les prairies, de qualité supérieure, offrent aux regards un gazon épais et fin. Les produits des forêts, de la pêche, de l'exploitation de mines complètent les ressources principales de la contrée. Les échanges du pays se font avec l'Angleterre et les États-Unis. Ses nombreux cours d'eau et ses lacs viennent efficacement en aide à son commerce intérieur. Pour les utiliser, on a exécuté de grands travaux et on a dépensé bien des millions. Il a fallu vaincre de graves obstacles, opposés à la navigation par les rapides et les cataractes; mais le présent profite des sacrifices du passé. Les chemins de fer du pays ont un développement de plus de 7,000 kilomètres et les lignes télégraphiques permettent une prompte correspondance avec les principales agglomérations d'habitants.

Dès que les populations catholiques réunies par la conquête eurent obtenu les ressources nécessaires pour combattre avec succès le fléau de l'ignorance, l'enseignement primaire des garçons fut développé par le concours des Frères des Écoles chrétiennes, si dévoué à la jeunesse. Leur institut a prévenu et dépassé en France les partisans de la gratuité de l'enseignement. En effet leur règle, approuvée par Benoît XIII en 1725, organise, par l'esprit de sacrifice et la charité, le système des classes gratuites, en faveur des familles pauvres ou trop peu aisées pour payer une rétribution scolaire.

Les Frères ont été appelés au Canada par M. l'abbé Gueblier, supérieur du Séminaire Saint-Sulpice à Montréal. Ils y arrivèrent en novembre 1837, et reçurent le meilleur accueil des populations, en faveur desquelles ils s'étaient si généreusement expatriés. Malgré les efforts de l'impiété, ils ont fait de nombreuses recrues parmi les Canadiens.

Les habitants ont conservé, dit M. Désormes (1), 'esprit, les sympathies, les mœurs de leurs pères. Profondément religieux, ils sont pénétrés de zèle pour le salut des âmes. Les familles aiment et respectent les Frères. L'éducation du foyer domestique, basée sur le principe de l'autorité, prédispose les enfants à la discipline de l'école; on ne les entend pas se plaindre de leurs maîtres à leurs parents. Les parents sont heureux de voir, dans le programme des écoles, les principes chrétiens primer tout autre enseignement. Ils savent que les études, basées sur de tels fondements, sont plus faciles, plus sérieuses, plus agréables et plus approfondies.

Le respect humain est une lèpre morale, à peu près inconnue au Canada. Aussi les catholiques se conforment-ils avec une simplicité pleine de franchise aux prescriptions de l'Église. Les lois de la sanctification du dimanche et de l'abstinence y sont scrupuleusement observées. Les hommes s'approchent des sacrements aussi souvent que les femmes.

(1) Voir *Les vrais amis du peuple*, par M. Désormes. — Sarlit, à Paris.

La langue française est restée la langue usuelle et même officielle du pays. Les Frères y font la classe comme chez nous, et pour un voyageur qui visite les bords de l'incomparable Saint-Laurent, c'est un spectacle émouvant que celui de cette réunion d'enfants, au regard attentif, intelligent, qui écoutent leurs maîtres si dévoués, raconter les services rendus à la religion, à la société, à la famille par la nation qui porte le titre glorieux de Fille aînée de l'Église. Il est touchant de voir les yeux s'animer, et les jeunes cœurs battre, quand un souvenir de gloire française est réveillé dans leur mémoire. »

Grâce aux efforts du clergé, des Frères, des religieuses, voués à l'éducation de la jeunesse, le Bas-Canada se distingue par le nombre et la qualité de ses écoles.

« Aujourd'hui, écrivait M. Rameau en 1860 (et depuis trente-six ans on peut constater d'importants progrès), on compte dans le pays trois mille cinq cents écoles, fréquentées par deux cent mille élèves. Étant donné le chiffre de la population catholique de cette époque (c'est-à-dire un million cent mille âmes) c'était un élève par cinq habitants et demi, tandis qu'en France la proportion était plus faible. Ces résultats ont été obtenus par les seuls moyens de la persuasion et de l'encouragement, sans aucun recours aux prescriptions obligatoires. »

Quant aux croyances religieuses, le Canada se partage entre le catholicisme et d'innombrables sectes protestantes Le Bas-Canada, peuplé par les Français, possède une immense majorité catholique. Le Haut-Canada, occupé par les Anglais, est habité par le protestantisme. Là, plus qu'ailleurs, les masses se subdivisent et manquent d'homogénéité.

Dans les deux provinces, les progrès de l'Église Romaine sont considérables et ininterrompus.

Trois causes peuvent contribuer à cet important résultat : 1° l'immigration, c'est-à-dire l'établissement d'étrangers dans le pays; 2° les naissances des catholiques; 3° le retour des protestants à la vérité.

L'immigration, très faible dans le Bas-Canada, n'y produit pas d'effet appréciable. Au contraire, elle est considérable dans le Haut-Canada, mais elle y amène très peu de catholiques. Les naissances ne suffisent pas pour expliquer ce phénomène, révélé par les statistiques les plus autorisées. Il faut donc admettre que de nombreuses conversions

VUE DE QUÉBEC

sont opérées par ceux dont les pères avaient été séparés de la vérité religieuse. La réflexion, l'étude, les besoins du cœur, les lumières de la conscience conduisent au catholicisme. Habituée d'ailleurs à se propager par ses bienfaits, l'Église aime à voir ses fidèles se dévouer personnellement aux nobles causes, se consacrer au soulagement de toutes les misères. Elle se plaît à cultiver les esprits, à développer les intelligences. De là le généreux empressement, admiré de tous, avec lequel les jeunes Canadiens sont allés défendre à Rome, avant la guerre de 1870, le pouvoir temporel du Souverain Pontife. De là ces œuvres de charité, se multipliant sous des formes si variées, pour répondre à tous les besoins. De là ces orphelinats, ces hôpitaux, ces asiles de la vieillesse et les cent quatre conférences de Saint-Vincent de Paul, s'organisant d'autant plus facilement au Canada que le pays est plus sérieusement catholique (1). De là enfin les efforts et les sacrifices destinés à répandre l'enseignement le plus complet.

(1) Ces cent quatre Conférences comptaient, en 1896, environ mille quatre cents membres actifs. Neuf cent quarante membres honoraires soutiennent des œuvres florissantes. Plus de quatre mille familles sont assistées. La société s'occupe de ses œuvres, elle visite les prisonniers, elle prépare aux premières communions, elle a un asile pour les apprentis sans famille. Cette maison abrite les enfants qui vont travailler, pendant le jour, chez leurs patrons, et trouvent chaque soir, ainsi que les dimanches et fêtes, instructions religieuses et amusements honnêtes.

Sous la domination française, le clergé catholique avait déjà fondé plusieurs maisons d'éducation qui rendirent à la colonie de très grands services. Pour ne citer que les plus importantes, nous nommerons les Sulpiciens de Montréal, les Jésuites de Québec, et le Séminaire de cette ville, doté par le premier évêque de la contrée, Mgr de Montmorency-Lavel, nom très illustre en France et qui possède au Canada une grande renommée de vertu et de charité.

Après la conquête de l'Angleterre ces établissements devinrent encore plus précieux. Aussi le zèle du clergé s'efforça-t-il de les multiplier. On vit des Curés, sans fortune, vivre de sacrifices et de privations pour léguer à leur patrie des séminaires, monuments de leur foi généreuse. Des collèges, animés d'un esprit tout à fait catholique, furent organisés dans le Haut-Canada au milieu des protestants. On s'arrangea pour fixer un prix modique aux pensionnaires. Aussi affluent-ils, et l'instruction secondaire, qui forme le cœur et l'esprit en ornant l'intelligence, est-elle peut-être plus répandue au Canada qu'en aucune autre partie du monde.

Au point de vue ecclésiastique, les deux provinces

actuelles du Canada se divisaient autrefois en dix diocèses. Ceux du Kingston, Toronto, Hamilton et Sandwich appartenaient à la région du Haut-Canada. Ceux de Québec, des Trois-Rivières, de Montréal, de Saint-Hyacinthe, de Saint-Thomas de Rimonski sont situés dans le Bas-Canada. Nous aurons à citer plus loin de nouveaux diocèses. Celui d'Ottawa appartient, par moitié, à chacune des deux provinces, comprend un très vaste territoire, et se compose de deux parties distinctes; l'une est ouverte à la colonisation, l'autre est restée longtemps le domaine des sauvages. Plus de trente-cinq mille catholiques sont disséminés sur un immense pays, dépourvu de chemins suffisants.

Le clergé séculier, trop peu nombreux, est très efficacement secondé par divers ordres religieux, surtout par les Sulpiciens, les Jésuites et les Oblats.

La communauté de Saint-Sulpice continue les belles œuvres commencées au Canada, sous l'impulsion du vénérable abbé Olier, leur fondateur.

La Compagnie de Jésus, qui a tant fait pour l'évangélisation du Canada, y est représentée de nos jours par cent de ses membres. Ils dirigent l'Université de Montréal, le noviciat situé au Saut du Récollet, et possèdent des résidences à Chataux, à Guel, à Québec, à Sainte-Croix (île Malitouline), au Saut Sainte-Marie, au fort William, etc. Dieu seul sait le bien qu'ils accomplissent dans ces régions lointaines. Nul ne pourrait dire le nombre des âmes éclairées, converties, préservées du mal, conduites au ciel par leur persévérante sollicitude, par leur inépuisable charité.

L'un de ces religieux, le P. François de Crépien, dont la mémoire est vénérée, a raconté comment un missionnaire passait son temps chez les sauvages, avant leur conversion.

« La vie d'un missionnaire, dit-il, est un long et lent martyr, un exercice presque continuel de patience, de mortification, de pénitence, surtout dans les cabanes et sur les chemins, avec les sauvages.

» La cabane, faite de perches et d'écorces de bouleau, est entourée de branches de sapins.

» Presque tout le jour, le religieux y est assis ou à genoux.

» En voyage, il se couche tout habillé sur la terre

gelée, parfois sur la neige, couverte de quelques branches.

» S'il est abrité par une petite cabane, il brûle souvent sa couverture et ses habits.

» Il n'ôte guère sa soutane et ses bas que pour se défendre de la vermine, dont les parents et surtout les enfants sont toujours abondamment couverts.

» Sa boisson ordinaire est l'eau du ruisseau, ou celle de quelque mare, parfois de la neige fondue.

» Il mange si on lui offre quelque chose.... Parfois la viande n'est qu'à moitié cuite, ou bien elle est fort dure, surtout quand elle a été séchée à la fumée; ordinairement on ne fait chaudière qu'une fois par jour. En temps d'abondance on le fait deux fois, mais ce temps ne dure guère.

» La peau des chiens sert de serviette au missionnaire, comme les cheveux aux indigènes.

» La fumée parfois est si épaisse qu'elle fait pleurer le prêtre quand il se couche; il semble qu'on lui ait jeté du sel dans les yeux. A son réveil, il a bien de la peine à les ouvrir.

» En hiver, quand il marche sur des lacs ou de longues rivières, il est tellement ébloui par l'éclat des neiges, et par l'eau qui coule continuellement de ses yeux, que pendant quatre à cinq jours il ne peut pas lire son bréviaire. Quelquefois il faut le conduire par la main.

» Souvent il est importuné par les cris de petits enfants, et dégoûté par la puanteur de ceux dont les écrouelles ou d'autres maladies répandent autour d'eux une odeur nauséabonde.

» La souffrance et la misère sont l'apanage de ces saintes missions; mais les religieux qui s'y adonnent trouvent que si les privations sont grandes, les consolations et les joies spirituelles le sont bien davantage encore. »

Le P. Choné, écrivant à son supérieur de Sainte-Croix, situé dans la grande Maintouline, île du lac Huron, lui a raconté comment se faisaient les voyages en hiver.

« .... Nos chemins ici sont de glace et de neige ; on a aux pieds des souliers sauvages de peau de chevreuil, et, au lieu de bas, une ceinture de laine dont on s'enveloppe toute la jambe. Notre voiture est une planche de six à sept pieds de long, sur douze à quinze pouces de large, recourbée par devant en forme de chaperon assez élégant. C'est sur ce traîneau que le missionnaire charge sa chapelle, son lit, consistant en une couverture de laine, avec une peau de buffle, ses provisions de bouche et celles de son équipage. On y attache deux ou trois chiens, et, quand tout est prêt pour le départ, le voyageur marche en avant, et trace au milieu des neiges le chemin à ses chiens, ses coursiers habituels; si l'on part de bon matin, on peut faire ainsi dix, douze et jusqu'à quinze lieues par jour. Après qu'on a parcouru les six et sept premières lieues, c'est-à-dire vers dix ou onze heures du matin, on fait halte sur la glace pour prendre son repas, ou bien, si l'on veut avoir quelque chose de chaud à manger, on va faire du feu sur le rivage du lac. Nous n'en avons allumé qu'une fois dans ce but. Nous avions marché dans l'eau depuis six heures du matin, par une pluie battante, et avec un vent contraire durant tout le reste du jour. Mais comment faire du feu par un temps d'averse et avec du bois mouillé? D'abord, avec des allumettes chimiques, on éclaire de l'écorce de bouleau, puis on trouve toujours quelque vieux cèdre qui a succombé depuis longtemps sous le poids des années ; on fait jouer la hache sur ses flancs, et bientôt le bûcher s'embrase, en dépit de la pluie qui l'attise, et sur un lit de neige qui lui sert de foyer.

» Après le repas, on se remet en route jusqu'à l'approche de la nuit ; alors on se retire de nouveau sur le rivage pour y camper. Quand on est deux, l'un se charge de couper du bois, l'autre, armé d'une raquette, en guise de pelle, fait une place de six à sept pieds carrés, en écartant la neige. Bientôt deux jeunes sapins tombent sous les coups de la hache, et leurs rameaux fournissent un matelas sur lequel on étend la peau de buffle ; les branches d'un troisième sapin donneront un abri du côté du vent. Cependant un bûcher s'allume près du lit ; des tronçons d'arbres sont là massés pour entretenir le feu jusqu'au jour. Tout étant ainsi préparé, on décharge les provisions, on donne à manger aux coursiers, on change de chaussures et on fait chaudière, c'est-à-dire qu'on apprête son repas. Le souper fini, la prière se récite en commun, et le missionnaire, pendant que son compagnon se prépare à dormir, récite son bréviaire à la clarté du foyer ; il accomplit ses autres exercices du soir, puis il s'enveloppe dans sa couverture et dort à son tour jusqu'à ce que le feu s'éteigne. Alors, averti par le froid, il charge de nouveau le bûcher et se remet à dormir; ces courtes interruptions de sommeil ont lieu ordinairement deux ou trois fois par nuit. Une fois il arriva que le feu prit aux sapins qui environnaient notre campement. Mon compagnon, réveillé en sursaut par le pétillement des branches enflammées, donna l'alarme, et, craignant que l'incendie ne se communiquât aux arbustes qui nous abritaient contre le vent, il se mit à jeter dehors tous nos effets; mais il en fut quitte pour la peur, et pour la peine de tout rapporter au gîte. Est-ce une bien dure condition, nous demanderez-vous de coucher ainsi en plein air et au milieu des neiges? Pas du tout, quelquefois même, sur le point de me mettre dans mon lit, je regrette le campement de la forêt.

» Ce qu'il y a de pénible dans ces sortes de voyages, c'est la marche sur la glace, surtout quand il n'y a pas de neige. Il y a huit jours que je suis de retour de mon excursion, et mes pieds sont encore enflés. Lorsqu'on est aussi fatigué, quel supplice de se remettre en marche le matin! A peine peut-on se tenir debout, et cependant on a devant soi une journée de douze à quinze lieues, et le lendemain encore autant.

» Un jour, que nous avions encore une longue étape à faire avant d'arriver à l'endroit destiné au repos, j'étais si brisé par la souffrance que je n'avais plus la force d'avancer. Je me mis alors à raconter à mon guide le trait de ce philosophe qui, pour ne pas démentir sa stoïque indifférence, s'écriait dans les accès d'une maladie aiguë :

» — O douleur! tu n'es cependant pas un mal.

» Il faut que je fasse comme lui, ajoutai-je en riant, et je me mis à marcher à grands pas pendant un quart d'heure. Mais j'oubliai bientôt ma philosophie, et je recommençai à me traîner comme auparavant.

» Voilà notre manière de voyager en hiver ; si elle a ses inconvénients, elle a aussi ses avantages. Avant de s'embarquer, il n'est pas besoin de retenir ses places longtemps d'avance ; on part quand on est prêt, sans être exposé à manquer la voiture. Sur la route, on s'arrête où l'on veut, et une fois arrivé, on n'est pas obligé de passer au bureau pour payer sa place ; de plus, on est servi comme on le désire, puisque chaque voyageur fait sa cuisine comme il l'entend.

» Avant de terminer, je veux vous faire part d'un trait de la foi qui caractérise nos chrétiens sauvages :

» Une bonne vieille, à qui son grand âge permet à peine de marcher, travaillait depuis longtemps à la conversion d'une femme de sa tribu ; mais tous ses efforts ne servaient qu'à endurcir la pécheresse. Loin de se décourager, elle redouble de sollicitude pour vaincre la résistance de son amie : exhortations, prières, menaces, rien ne fut épargné. Elle adressa surtout à Dieu de ferventes prières, en le conjurant de vouloir bien fléchir ce cœur endurci. Je lui avais donné de petites images du Chemin de la Croix, toujours dans l'intention d'obtenir la conversion si ardemment désirée. Dieu ne permit pas qu'un zèle si persévérant demeurât sans succès. Un jour, elle vint me dire :

» — Mon Père, je suis allée passer deux jours chez mon amie ; comme son mari n'est presque jamais à la maison, j'ai pu causer en liberté avec elle et l'entretenir de tous ses devoirs religieux. En terminant, je lui dis qu'elle devrait se confesser. Elle me répondit :

» — Assurément non, je ne me confesserai pas.

» Alors j'ouvris mon petit sac, où sont la croix et les images que tu m'as données ; je les lui montrai, j'en expliquai le sens, et je lui dis :

» — Est-ce que tu voudrais te perdre quand Jésus a tant souffert pour toi ? Va trouver notre Père la Robe noire, il t'aidera à renoncer à ta mauvaise conduite.

» — Eh bien, me répondit-elle, j'irai : mais je le crains.

» — Ne le crains pas, lui dis-je, il te recevra bien.

» Voilà, mon Père, comme j'ai parlé à cette femme, et je suis venue te le dire.

» Après avoir loué cette bonne vieille de son zèle, je lui recommandai d'aller, dès le lendemain, chercher sa néophyte, dans la crainte qu'elle n'osât pas venir seule.

» — Je ne peux pas marcher, reprit-elle, mais n'importe, je tâcherai de trouver un traîneau, et je t'amènerai mon amie.

» En effet, le lendemain elle s'achemina vers cette femme, qui demeurait dans un village éloigné de près de trois lieues; elle l'amène au lieu où j'étais à confesser. Elle fend la foule des pénitents pour m'annoncer cette nouvelle convertie, et me dit :

» — O mon Père, je t'en prie, reçois-là bien.

» Je ne sais si je fus fidèle à la recommandation; mais, quand elle se retira, je vis les deux amies se remercier avec effusion du bonheur qu'elles s'étaient procuré l'une à l'autre.

» Une foule de traits semblables que je pourrais citer, sont bien encourageants pour le missionnaire, et lui montre que Dieu s'est réservé de nombreux élus chez une race d'hommes si longtemps abandonnée. »

CHAPITRE VI

Établissements des Révérends Pères Oblats au Canada. — Le plus important est celui de Montréal, résidence du Provincial. — Missions données aux chantiers, au Labrador. aux sauvages de la baie d'Hudson. — Extraits intéressants de la correspondance des Missionnaires.

On sait que les Révérends Pères Oblats ont pris une part très importante à l'évangélisation du Canada, de concert avec les Sulpiciens et les Jésuites. Leur Ordre a été fondé par Mgr de Mazenod, évêque de Marseille, au commencement de ce siècle. Ils occupent plus de cent religieux dans cette contrée lointaine, ils y comptent de nombreux établissements. Le plus ancien et le plus nombreux est celui de Montréal. Le Provincial y réside ; le noviciat y est établi.

Dans cette ville, aux grandes fêtes, à la nuit de Noël par exemple, ou à la suite d'une mission, des communions de 2,500 à 3,000 hommes attestent la vivacité de leur foi et leur bonheur d'appartenir au catholicisme.

De Montréal, comme des autres résidences, les Oblats partent, chaque année, pour aller au loin chercher des âmes à convertir ou à maintenir dans la voie du salut. C'est de leur maison que sortaient autrefois les R. P. Brunet et Pailler, l'un pour évangéliser les bûcherons des forêts, l'autre pour porter les secours religieux à des familles disséminées dans les lointaines contrées du Labrador, situé au nord-ouest du Canada. Nous allons faire quelques emprunts à leurs intéressants récits.

« Le Canada, dit le P. Brunet, est une contrée couverte d'immenses forêts, arrosée par une multitude de rivières, et surtout par le Saint-Laurent, qui passe pour le premier fleuve du monde. Le commerce du pays consiste principalement en céréales, en fourrures et en bois de construction navale. Près de 15,000 jeunes gens, forts et vigoureux, quittent en automne leurs familles et leurs clochers, pour aller à cent, et même à deux cents lieues de leurs paroisses, couper les pins séculaires, afin de les amener en radeaux, au printemps, à Québec, là où

LE MARQUIS DE MONTCALM

des vaisseaux venus d'Angleterre les emportent pour la construction des navires.

» Pendant sept ans, je suis allé en hiver, à travers les lacs et les montagnes, visiter les bûcherons qui passent la plus belle partie de leur vie dans ces forêts, éloignés de toute habitation et privés de tout secours religieux. On voit, à des distances de plusieurs lieues les unes des autres, des chantiers, espèces de cabanes formées avec des pins, cimentés de terre glaise, quelquefois même ouverts à tous les vents ; elles servent de cuisine, de chambre à coucher et d'atelier. On y trouve vingt-cinq à trente jeunes gens, sauvages, Canadiens, Français ou Anglais. Tous les matins ils partent, afin d'aller abattre les pins dans la forêt, et reviennent le soir pour prendre leur repos sur des lits de camp, auprès desquels ceux de nos soldats pourraient presque passer pour moelleux. »

Eh bien, c'est dans ces chantiers que pendant deux mois d'hiver, chaque soir, jusqu'à onze heures ou minuit, le P. Brunet prêchait, chantait en français et en anglais, confessait, et le lendemain matin il célébrait la sainte messe sur le lit d'un des bûcherons, qui lui servait à la fois d'autel, de siège et de table. Le printemps arrivé, il descendait des montagnes pour aller en bateau visiter les bûcherons, devenus navigateurs, et les réunir dans une chapelle construite sur le rivage.

Dieu a béni ce ministère. Bien des jeunes gens qui exploitaient ces bois étaient dépravés. Plusieurs étaient restés dix et quinze ans éloignés des sacrements. Cependant, dès que le saint homme paraissait dans leurs chantiers, sa présence, ses paroles produisaient une telle impression sur leurs cœurs, qu'ordinairement, après un seul sermon, tous se confessaient.

Écoutons maintenant le R. P. Pailler :

« Depuis quatre semaines, je suis de retour de ma lointaine mission du Labrador. Là, j'ai dû évangéliser seul (n'ayant pour compagnon que mon bon ange) une population de soixante familles, échelonnées le long du rivage, sur un littoral d'environ quatre-vingts lieues d'étendue. Cette excursion m'a retenu, pendant trois mois, loin de mes confrères bien-aimés. Les pauvres abandonnés que j'ai visités sont, pour la majorité, des Canadiens français ; le reste se recrute parmi les Irlandais, les Anglais, les sauvages montagnais et même les Esquimaux. Quelle confusion de langues ! Quelle Babel ! et quel pays ! Ce ne sont que d'immenses bancs de rocs complètement arides, souvent recouverts d'une mousse blanche, sèche, épaisse, qui rend la marche très fatigante. A l'extrémité nord-est de ce pays, éloigné de Montréal d'environ trois cents lieues, le climat contraste avec celui qui règne généralement au Canada. Ma mission, commencée en juin, dura tout le mois de juillet, d'août, une partie de septembre. Bien que ce fût la belle saison de l'année, j'ai dû, tous les jours, porter un épais surtout d'hiver. Une brume épaisse, froide, pèse sur ces tristes parages pendant la plus grande partie de l'année. L'hiver y est très rigoureux. Les vents soufflent avec beaucoup de violence. Aussi ne s'y trouve-t-il aucune culture. Pas un légume, pas le plus chétif arbuste. Pour se garantir contre les froids très vifs de la contrée, les pauvres planteurs vont, dans l'intérieur du pays, à cinq ou six lieues de leurs demeures ; là, ils déterrent dans de profondes vallées, des arbres rabougris, abrités contre les vents.

Les chiens traînent sur la neige les provisions de bois pour l'année. Chaque habitant entretient dix à douze chiens esquimaux. Ce sont les seuls coursiers possibles dans cette contrée. Durant les trois quarts de l'année, ils vivent en parasites, se nourrissant de débris de veaux marins. On en prend un grand nombre sur la côte, et leur huile est fort recherchée. En hiver, le planteur attelle six ou huit de ses chiens à un petit traîneau où il se place. Le fouet claque, l'attelage part avec la rapidité de la flèche, et vingt lieues sont franchies sans la moindre difficulté dans l'espace de six heures. On a recours à un ingénieux expédient pour accélérer la vitesse de ces chiens. La veille du départ, on leur impose un jeûne rigoureux. Or, s'il est vrai de dire qu'en général ventre affamé n'a pas d'oreille, il est encore plus exact que, pour le chien, ventre affamé a bonnes jambes. Le maître choisit le meilleur coureur, l'enferme dans sa maison, et lui prodigue des caresses. Les autres, voyant cette préférence marquée, sont saisis d'un sentiment de profonde jalousie, et ne manqueront pas l'occasion de lui faire payer cher son titre de favori. Le lendemain matin, l'animal privilégié est attelé au traîneau, ainsi que ses compagnons jaloux, mais il est à la tête de tous. A peine est-il dans le harnais que les autres chiens se mettent à sa poursuite pour le dévorer. Voulant échapper à leur vengeance, il part prompt comme l'éclair. Celui-ci s'empresse de fuir; ceux-là de le poursuivre en emportant le voyageur satisfait du succès, et le traîneau qui effleure à peine la surface de la neige.

» Pourquoi ces habitants sont-ils allés se fixer sous un ciel si peu clément? C'est que la Providence, en refusant au pays la fertilité du sol et la beauté du climat, l'a doté d'immenses richesses. Le Labrador peut, lui seul, alimenter l'Europe entière avec les nombreux produits de ses pêches. Chaque printemps, des centaines de bâtiments viennent faire la pêche au saumon, à la morue, au veau marin, à la baleine. La quantité de poissons qu'on peut prendre est féerique, puisqu'il n'est pas rare que, dans un seul coup d'un immense filet, on arrive à en prendre assez pour charger deux petits bâtiments marchands. C'est un gain très considérable, et un puissant attrait pour les pêcheurs.

» Une ressource aussi pour le pays, ce sont les œufs pondus en grande abondance par des volatiles de plusieurs espèces, sur les îlots, dont l'océan est parsemé dans cette contrée. Il y a des îles qui n'ont pas plus d'une demi-lieue de circonférence, sur lesquelles on peut ramasser, chaque matin, 6,000 à 7,000 œufs excellents, produits par des oiseaux de passage, gros comme les canards de France. On les appelle la mernette, la moniage, etc. Les œufs, chargés sur de gros navires, sont vendus sur les marchés des grandes villes des États-Unis. »

Ces simples notions mettent à même de deviner le genre de ministère exercé par le missionnaire.

« Je me rendais, dit-il, par mer dans une habitation de pêcheur. J'élevais un modeste autel dans sa cabane où l'on ne respirait que l'odeur infecte des poissons de mer. Je prêchais, j'instruisais, je baptisais, je confessais pendant deux ou trois jours ; puis, quand j'avais mis mes braves gens à même de remplir le devoir pascal, je partais pour aller à d'autres âmes, ou plutôt je m'arrachais de leurs bras, car ils étaient désolés de voir le missionnaire partir si tôt, sachant qu'ils allaient rester une année entière, sans prêtre, sans messe, sans sacrement, exposés à mourir sans pouvoir recevoir les derniers secours de la religion. Bien que privés d'une foule de grâces, ces peuples sont bons, excellents même, et feront rougir, un jour, bien des catholiques, qui abusent de tant de moyens de conversion, ou n'y ont jamais recours. »

Le P. Laverlochère, revenu à Montréal, après plusieurs missions données aux sauvages de la baie d'Hudson, envoie à ses Supérieurs le compte rendu de ses travaux, et l'histoire des populations auxquelles il s'est adressé. La place nous manque pour relater ici ses très intéressants récits. Nous n'en reproduisons à regret que de courts extraits.

Parmi les tribus évangélisées par son zèle apostolique il y en avait qui s'étaient laissé dominer par des jongleurs et des magiciens audacieux. L'une de ces malheureuses dupes était un vieillard octogénaire.

« Depuis quatre ans, dit le Révérend Père missionnaire, une lèpre horrible couvrait son corps de tubercules noirâtres et ulcéreux qui n'en faisaient plus qu'une masse de pourriture. Les ongles et les extrémités des doigts étaient tombés, ses dents et ses gencives étaient à découvert; toute sa chair s'en allait en lambeaux; elle répandait au loin une puanteur insupportable. J'étais seulement depuis deux jours au fort Albany, lorsqu'il y fut déposé. J'allai le visiter, et je le trouvai dans un état impossible à décrire. Incapable de se remuer, le malade laissait de temps à autre échapper des gémissements prolongés. La vue de cet homme si malheureux était bien propre à exciter ma compassion.

» — Tu souffres beaucoup? lui dis-je en l'abordant.

» Au son de cette voix inconnue, il fit un mouvement de tête vers moi.

» — Qu'est-ce qui me parle, répondit-il, je ne peux rien voir.

» — C'est la Robe noire, mon fils, c'est l'envoyé du Grand-Esprit qui vient te visiter.

» — Oh! comme je souffre!

» — Oui, tu souffres, mon fils, je le vois! Mais, hélas! tu as longtemps outragé le Grand-Esprit. Il te punit! Tu souffrirais encore bien davantage en enfer, si tu n'étais pas contristé d'avoir mal fait, et si tu ne désirais pas ardemment le baptême.

» — Oh! oui, j'ai mal fait, j'ai servi le mauvais manitou, j'ai outragé le Grand-Esprit. Je l'ai trop offensé, jamais il ne pourra me pardonner.

» — Que dis-tu là, mon fils? le Grand-Esprit veut te pardonner. Il te pardonnera dès que tu te repentiras. Il m'a envoyé pour te le dire.

» — Robe noire, ta parole fait du bien à mon cœur. Tu es bon, toi, et moi, je suis méchant.

» Aussitôt il commença à haute voix la longue histoire de sa vie. Je voulus éloigner les sauvages, réunis autour de sa cabane.

» — Non, dit le vieillard, qu'ils restent, ils savent tous combien j'ai été méchant.

» Je passai une partie de la nuit à lui expliquer nos saints mystères. La satisfaction qu'il éprouvait en m'écoutant semblait calmer ses douleurs.

» Pour soutenir mon courage, durant cette nuit, il ne me fallut rien moins que la pensée de ce qu'a fait notre divin Maître pour guérir la lèpre de notre âme. Trois fois, le cœur me manqua; mais il n'y avait pas de temps à perdre pour instruire le mourant qui allait paraître devant son Juge. Lorsque je me sentais défaillir, j'allais à la rivière, et je revenais fortifié. Je regardais l'image de Notre-Seigneur crucifié, et je me disais : Nous l'avons regardé comme un lépreux, et nous avons été guéris par ses meurtrissures. Voyant que mon malade déclinait sensiblement, je lui administrai le baptême avant de le quitter. Lorsqu'il l'eût reçu, il me dit :

» — Qu'il est bon, le Grand-Esprit! merci, merci à lui, merci à toi, mon Père; je suis content; je vais mourir, je vais voir le Grand-Esprit dans sa vive lumière, et la bonne Marie aussi. Merci, adieu, merci!

» Il disait vrai, il allait mourir. Il baisa plusieurs fois sa petite croix et sa médaille. Je le quittai, ne pensant pas qu'il fût si près de sa fin. Deux heures après, il avait cessé de souffrir.

» Le trait suivant, tragique dans son origine, eût une conclusion bien touchante. Vers la fin de l'hiver, une femme, avide de viande fraîche, avait eu la cruauté de massacrer, durant leur sommeil, trois garçons, quatre filles, deux hommes et deux femmes! J'étais dans une cabane, faisant le Catéchisme, quand une personne entra. C'était un beau jeune homme de dix-huit à vingt ans, dont la physionomie portait l'empreinte d'une profonde tristesse. La vue d'une Robe noire parut l'interdire un instant, mais quand je lui dis de s'asseoir, il se rassura et nous raconta ses malheurs avec des gémissements et des larmes. Il termina son affreux récit par ces mots :

» — Oh ! que je suis malheureux ! On m'a dit que la Robe Noire devait se rendre ici. Voilà pourquoi j'y suis venu, car je veux faire sa prière.

» L'ardeur qu'il mit à s'instruire était vraiment admirable. Onze jours après son arrivée, il était préparé ; il recevait le baptême, et le lendemain il faisait sa première communion. Lorsqu'il eut reçu ces deux grâces insignes, sa mélancolie sans se dissiper entièrement, laissa cependant apercevoir sur les traits de son visage la paix de son âme. Il me dit :

» — Quand j'eus vu toute ma famille massacrée, et que j'errais çà et là dans les bois, je pensais qu'il n'y avait plus de bonheur pour moi sur la terre. Seul, abandonné de tous, je croyais n'avoir plus qu'à mourir. Je me trompais, puisque après la perte de ma famille j'ai eu le bonheur de te voir et de connaître par toi la sainte prière du Grand-Esprit.

» Il essuya ses larmes, puis il reprit :

» — Nous sommes si malheureux dans nos déserts ! Ensevelis dans la nuit profonde de la magie, nous naissons, nous grandissons, et puis nous cessons de vivre comme les animaux de nos forêts. Nous ne pensons pas que là-haut, dans sa vive lumière, le Grand-Esprit veille sur nous. O mon Père, je vais rentrer dans nos forêts, mais je n'y serai plus seul. Souvent, dans mes souffrances, je baiserai mon petit crucifix et l'image de Marie. Je compterai les saintes graines de la prière (le chapelet), et je planterai une croix dans ma terre de chasse. Là, j'irai prier le Grand-Esprit. Je regarderai le ciel, les forêts, la mer, et je dirai : Le Grand-Esprit a fait tout cela pour moi, et je ne le savais pas. Qu'il est bon, le Grand-Esprit !

» Telles furent les dernières paroles de ce jeune homme naguère si malheureux. Il vint avec moi au pied de la croix, plantée sur le rivage, la baisa avec amour, me pria de le bénir, et il partit. « O Religion sainte, m'écriai-je alors, les yeux baignés de larmes, voilà ton ouvrage ! » Les larmes ne sont pas toujours filles de la douleur : il en est qui naissent d'une joie inexprimable. Telles étaient celles que je répandais en ce moment.

» Je ne m'étonne plus de ce qu'on rapporte de la ferveur des premiers chrétiens. Elle est si puissante, cette grâce du baptême, lorsqu'elle tombe dans des cœurs bien disposés. Aux yeux de ces néophytes, comme aux yeux de la foi, le prêtre est le représentant du Très-Haut, l'ami de Jésus-Christ. Le trait suivant en est une nouvelle preuve.

» Dans une de nos chrétientés vivait une Indienne, baptisée, il y a cinq ans. Elle était d'une piété angélique et la plus instruite de sa tribu. Tombée dangereusement malade, elle savait que je devais repasser dans son pays, à mon retour de la baie d'Hudson, et mon attente était pour elle un sujet de joie et de crainte. Jour et nuit elle disait à son mari :

» — Je n'ai plus qu'un désir sur la terre, c'est la grâce de voir la Robe noire avant de mourir. Oh ! mon ami, dit-elle à son mari, si tu apprends qu'elle approche, va, je t'en prie, va au-devant de lui.

» Il vint en effet à une assez grande distance. En m'abordant, il me dit :

» — Venez vite. Ma femme se meurt. Elle vous

demandait sans cesse. Depuis hier, elle a perdu la parole.

» Je m'élance dans son léger canot, et nous partons comme un trait. La mère de la malade me voyant entrer lui dit :

» — Voilà la Robe Noire.

» — A ce mot elle bondit comme si un fluide électrique eut parcouru tout son corps; elle se lève sur son séant; ses yeux s'animent, son visage s'enflamme, elle étend vers moi ses bras décharnés :

» — Mon Père! mon Père! fut tout ce qu'elle put me dire.

» Elle saisit ma main, la baisa, et je la sentis mouillée d'une larme brûlante. Je lui donne mon crucifix; elle le presse, tantôt sur son cœur, tantôt sur ses lèvres. Cet élan sublime de foi et d'amour pour le Dieu qu'elle allait bientôt voir face à face avait achevé d'épuiser ses forces. Elle retomba comme anéantie sur sa couche; je lui administrai l'Extrême-Onction, et je lui dis :

» — Ma fille, si tu étais capable de communier, j'irais dire la sainte messe, et puis je t'apporterais le corps sacré de Jésus.

NOTRE-DAME, VUE DE LA RUE SAINT-URBAIN, A MONTRÉAL

» — Oh ! va, mon Père, s'efforça-t-elle de me répondre avec une touchante naïveté, va, je t'attendrai.

» Elle reçut le saint Viatique ; sa ferveur attendrit tous les assistants. Elle demanda pardon des scandales qu'elle croyait avoir donnés, puis elle prononça ces paroles d'une voix presque éteinte :

» — Mon Père, j'espère aller voir bientôt le Grand-Esprit ! Oh ! comme je vais lui parler pour toi et pour mes frères les sauvages.

» Je retournai à la chapelle, et quelques instants après, son mari venait m'annoncer son veuvage.

» Il y avait près de deux mois que j'étais au fort Albany. J'y avais baptisé plus de quarante adultes, (ils avaient presque tous communié), et plus de soixante enfants. J'avais fait le catéchisme à plus de cinquante Indiens, âgés les uns de sept ans, les autres de soixante et dix. La mission était finie ; la plupart des sauvages, pressés par la faim, avaient été obligés de rentrer dans les forêts pour y chercher leur nourriture. Plusieurs cependant ne purent se résoudre à quitter si vite cette place où ils avaient goûté tant de consolations, quoiqu'ils fussent depuis dix à douze jours soumis à un jeûne rigoureux. De ce nombre était le fils du lépreux dont j'ai parlé plus haut. Ayant appris la mort édifiante de son père, il s'était hâté de venir au poste, mais il n'y arriva que le lendemain de l'inhumation. Je prêchais un sermon sur l'enfer quand il vint au lieu de l'assemblée. L'instruction finie, il alla trouver la femme du commandant du fort, et il lui dit :

» — Parle pour moi à la Robe noire, je voudrais lui dire combien j'ai été méchant, mais je n'ose pas ; j'ai trop servi le mauvais manitou (1).

» Instruit des bonnes dispositions de cet homme, j'allai le trouver, et il me dit :

» — Robe noire, j'ai appris, il y a deux jours, que tu étais ici, et à cause de cela, je ne voulais pas venir au fort, car j'étais méchant. Mais je l'ai appris, le Grand-Esprit avait eu pitié de mon père ; mon père a confessé ses fautes avant de mourir, il a été arrosé de l'eau de la prière, et il s'était repenti d'avoir fait si longtemps la magie. Ayant su tout cela, je dis à ma femme et à mes enfants : « Allons voir la Robe noire, moi aussi je veux connaître la

(1) Divinité adorée par les sauvages.

prière du Grand-Esprit. Je veux confesser à la Robe noire tout le mal que j'ai fait. »

» Il me parla longtemps des pratiques religieuses des sauvages, et me fit un récit détaillé des cérémonies en usage parmi ces peuples. Dans certaines circonstances, ils se réunissent pour jeûner et offrir des sacrifices aux divinités des rivières, des bois et de l'air. Si l'un d'entre eux est frappé par quelque accident, aussitôt il va trouver le magicien, lui fait l'aveu de toutes ses fautes, et lui demande une pénitence. Cette confession est toujours faite à haute voix, et la pénitence, quelque rigoureuse qu'elle soit, est ponctuellement accomplie. Son père m'avait donné le même renseignement. Ce que les infidèles font comme une pure cérémonie, les néophytes s'y conforment, comme l'acte le plus indispensable et le plus consolant de la religion catholique qu'ils viennent d'embrasser. Leur plus grand soulagement est de dire et de répéter au prêtre leurs péchés, avant comme après le baptême, persuadés que c'est à Dieu lui-même qu'ils font leurs aveux. Plusieurs sont venus exprès de plus de cent lieues, ont passé deux jours entiers prosternés à la porte de la chapelle exposés à toutes les injures de l'air, sans prendre aucune nourriture, gravant sur un morceau d'écorce ce qu'ils avaient à confier au prêtre.

» J'étais à Albany depuis un mois seulement, quand je dus profiter du départ d'un canot pour regagner le sud. Je quittai mes bons sauvages à regret. J'avais eu la satisfaction de voir qu'en éclairant leur esprit j'avais touché leur cœur. Ils vinrent dans un profond silence, les yeux baissés vers la terre, m'accompagner jusqu'au rivage. Chez l'Indien, le silence est le signe d'une grande tristesse. Je cherchai à les consoler en leur promettant de revenir les visiter l'été suivant.

» Au lac Attibibbi, je trouvai le vieux chef de la tribu ; il m'attendait avec une quinzaine de familles. Dès qu'il aperçut notre canot, il accourut sur le rivage ; les autres Indiens le suivirent, et tous, agenouillés devant moi, me prièrent de les bénir comme mes enfants. J'avais dessein d'aller coucher plus loin, mais ils firent tant d'instances que je fus obligé de dresser ma tente parmi eux. Je passai la nuit à les instruire et à les confesser. Au point du jour, j'interrompis ce pieux exercice pour recommencer mes pérégrinations. C'était un samedi, je devais arriver au lieu de la mission pour le lendemain. Un grand nombre de sauvages m'y attendaient, et nous avions plus de vingt lieues à faire sur un lac dangereux.

» A peine fûmes-nous embarqués que nous vîmes nos hôtes lever leur camp pour nous suivre. Il y avait, parmi eux, un métis canadien, dangereusement malade. Je l'avais administré, cependant il pria instamment sa femme et son fils de le conduire à la maison, pour avoir, disait-il, le bonheur de mourir sous les yeux de la Robe noire. Comme nous avions une bonne troupe de rameurs, notre canot semblait voler sur l'eau, et le soir nous avions atteint le fort. Quant aux pauvres Indiens, ils furent obligés de naviguer toute la nuit, et arrivèrent seulement le lendemain, vers onze heures, au moment où, n'espérant plus les revoir, je me disposais à monter à l'autel. Le malade se fit aussitôt porter à la chapelle où il reçut le saint Viatique. Peu d'instants après, il allait à Dieu !

» Le même jour, j'eus le bonheur de baptiser sa

mère qui n'avait pas encore voulu entendre parler de religion. Depuis plusieurs années, nous faisions près d'elle bien des démarches inutiles; jamais nous n'avions pas même pu l'amener à faire un signe de croix. C'était la Sainte Vierge qui devait obtenir la conversion de cette âme obstinée. Nous étions parvenus, non sans peine, à lui mettre au coû une médaille bénite de l'Immaculée Conception. Bientôt son cœur était changé, et elle demandait à me voir. Je volai vers elle : ma présence parut lui causer autant de joie qu'elle lui inspirait naguère de répugnance. Je la vis baiser souvent la médaille avec effusion de cœur. Depuis qu'elle la portait, me dit-elle, elle ressentait un grand désir d'être baptisée, et elle craignait de mourir avant d'avoir reçue cette grande grâce. Je l'instruisis de mon mieux. Ses bonnes dispositions, ses quatre-vingts ans, son hydropisie ne permettaient pas de différer le baptême. Au moment où le fils expirait, l'eau sainte coulait sur le front de la mère. Quelques heures après, elle aussi allait au ciel, remercier sa libératrice. »

CHAPITRE VII

Diocèse d'Ottawa. — Travaux des Révérends Pères Oblats. — Le lac des Deux-Montagnes. — Téniskaming. — Nombreuses œuvres d'Ottawa. — Églises. — Don des ouvriers des chantiers. — Le Sault Saint-Laurent. — Les Montagnais — Village des Escoumins. — Diocèse de Saint-Boniface. — Lettres de Mgr Taché. — Diocèse de Saint-Albert.

Le chapitre précédent énumérait des traits touchants, relatifs à la conversion des sauvages dans le diocèse de Montréal. Les Pères Oblats, qui les racontent, sont aussi établis à Ottawa, ville de création récente et d'une importance considérable. Ils ont beaucoup prêché dans la circonscription du diocèse ; ils y exercent la plus salutaire influence : leur correspondance raconte les fruits abondants de leurs travaux ; elle ne manquera pas d'intéresser nos lecteurs. Nous en reproduisons des extraits.

« Nous allâmes, dit le R. P. Laverlochère, équiper un canot au lac des Deux-Montagnes. Aux approches de la station des Petites-Allumettes, qui m'était bien chère, un noir pressentiment s'empara de moi. Le bruit avait couru que la mort y avait exercé ses ravages l'hiver dernier. A peine débarqué, je vis venir à moi une quinzaine de femmes, tenant au bras des enfants encore en bas-âge.

» — Nos maris sont partis, me dirent-elles toutes ensemble.

» — Où sont-ils donc allés, mes enfants? leur demandai-je.

» — Là-haut, je pense, me répondit l'une d'elles, en jetant vers le ciel un regard plein de larmes.

» Puis, elle ajouta :

» — Si tu savais, mon Père, combien j'étais triste cet hiver, dans le bois, lorsque la mort y a visité mon mari! Mon mari disait : « Je ne verrai donc plus la Robe noire! Ah! Plaise à Dieu que je la revoie, afin qu'elle me purifie de mes péchés! »

» Plusieurs autres me répétaient la même plainte

avec un accent qui me déchirait le cœur. Trente et un de ces chers Indiens ont succombé dans la force de l'âge. Ils vivaient fort chrétiennement.

» J'avais tellement pris en affection le troupeau désolé que je le quittai à regret. Tandis que nos rameurs chargeaient le canot, tous mes chers enfants étaient là tristes, silencieux; alors une femme s'approchant de moi d'un air mystérieux, me dit :

» — Je veux te donner quelque chose, mon Père.

» Et, me présentant une petite cassette de sucre d'érable, elle ajouta :

» — Quand le sucre a coulé de l'arbre, j'ai pensé à toi, et j'ai dit : voilà ce que je donnerai à notre Père, quand il viendra nous instruire de la prière du Grand-Esprit.

» J'aurais fait une peine extrême à cette bonne femme en refusant son modeste présent, car c'est de tout cœur que donne le sauvage....

» A Témiskaming nous étions attendus avec impatience. Là, sur six cent vingt-cinq personnes agrégées l'an dernier à la société de tempérance, une seule avait manqué à son engagement; vingt-cinq autres s'empressèrent d'en faire partie....

» Nous quittâmes Témiskaming, après seize jours de mission. Plus de deux cents sauvages s'étaient confessés; un grand nombre avaient communié, quelques-uns pour la première fois. Quinze personnes avaient été baptisées, et parmi elles une femme nous édifia d'autant plus par sa ferveur, que sa conversion s'était fait plus longtemps attendre. Tant qu'ont duré les cérémonies de son baptême, elle n'a pas cessé de verser des larmes qui montraient la vivacité de sa foi et de son repentir. Je la vis ensuite, elle pleurait encore, mais c'était de joie.

» — Que j'étais malheureuse, me dit-elle, avant que le Grand-Esprit m'eût prise en pitié. Depuis le jour où la Robe noire me prévint qu'à moins d'un changement de vie je ne pourrais pas être comptée au nombre des chrétiens, je n'ai pas eu un moment de repos.... La vue des saintes graines de la prière (le chapelet) et surtout la sainte figure de Marie (la médaille) portée par mes enfants à leur cou, excitaient dans mon cœur une vive impression.... Je sentais augmenter de plus en plus en moi le désir du baptême. Mais que l'année me parut longue !...

» Arrivés au Grand Lac, nous fûmes heureux de voir les chefs de trois petites tribus, autrefois séparés par l'esprit de jalousie, réconciliés et unis. Une grande cabane d'écorce, destinée à servir de chapelle, avait été construite, et là une mission de neuf jours réunit plus de deux cents sauvages. La vivacité de leur foi fit oublier toutes les fatigues du ministère apostolique. »

Les missionnaires pensaient que s'ils étaient assez nombreux pour pouvoir se fixer au milieu des tribus, elles deviendraient des chrétientés très florissantes. Ils étaient heureux de voir des Indiens se maintenir toute l'année dans la grâce de Dieu, bien qu'ils ne jouissent de la présence du prêtre que durant quelques jours.

Leur espoir s'est réalisé. Les Oblats sont venus se fixer à Ottawa. Un nouveau siège épiscopal y a été érigé, et le premier évêque, Mgr Girigues, fut un Oblat. L'année même de son sacre, il fonda, près de son palais, le collège de Saint-Joseph, dont la prospérité alla toujours en s'augmentant, et son épiscopat se distingua par le nombre et l'importance des œuvres dues à son intelligente charité.

A l'évêché résident un certain nombre d'Oblats, qui s'adonnent à toutes les fonctions du ministère paroissial et se chargent des missions si importantes des chantiers, dont nous avons eu déjà l'occasion de raconter les bienfaits pour le diocièse de Montréal; ils se reproduisent dans celui d'Ottawa. Chaque religieux s'exerce aux œuvres de miséricorde, sans invoquer l'âge ou les infirmités pour obtenir du repos. A l'entrée du modeste palais, il n'est pas rare de rencontrer un vieux frère portier, occupé dans ses temps libres à fabriquer des chapelets, dont la vente lui procure assez de bénéfice pour lui permettre de donner à tous les pauvres qui se présentent.

Les religieux aiment et encouragent les nombreuses œuvres d'hommes et de femmes. Des dames de charité se réunissent, chaque semaine, pour travailler aux vêtements des pauvres. Des asiles sont ouverts aux orphelins et aux vieillards. Des sociétés de tempérance travaillent à guérir la plaie de l'ivrognerie.

Les églises sont multipliées et embellies. Grâce au zèle des Oblats, une cathédrale a été construite; elle est l'ornement et l'honneur de la cité; ses proportions imposantes, ses flèches découpées à jour, ses tours élancées portant bien haut dans les airs le symbole de la foi, ses quatre cloches s'associant aux joies et sympathisant avec les tristesses, ses imposantes cérémonies et ses éloquentes prédications, ses communions où les hommes se comptent par milliers, tout, dans ce pieux monument, parle aux yeux pour les charmer et aux âmes pour les émouvoir.

Entre les deux grandes tours, au-dessus du portail de l'église, on admire une belle statue de l'Immaculée-Conception. C'est un don, offert par les ouvriers appelés à passer l'hiver dans les forêts pour les exploiter. Ils font ensuite descendre en radeau sur le fleuve Ottawa les bois qu'ils ont coupés. Dans les périls des rapides, ils aiment à invoquer Notre-Dame des Voyageurs. Dès qu'ils l'aperçoivent à la cathédrale, ils se rappellent les bienfaits de la religion et la puissante protection de Marie.

Les Oblats emploient d'aimables moyens pour attirer les hommes dans les églises. Ils ne se contentent pas de les attendre avec leur gracieux accueil, ils vont les chercher dans les villes, dans les campagnes, et les charment par leur bonté. Ils savent les attirer dans des associations catholiques. Ils forment par exemple des cercles de jeunesse pour les amuser, les instruire et les préserver.

Parmi les religieux, il en est qui se consacrent en hiver aux nombreux chantiers dont l'entrepôt général existe à Ottawa, et ils s'appliquent pendant l'été à l'évangélisation des anciens sauvages.

En dehors d'Ottawa, les Oblats ont encore divers établissements. Nous en citerons quelques-uns.

A Témiskaming et à la Rivière du désert, ils s'occupent de Canadiens français, d'Irlandais et de cinq mille Algonquins. Ces chrétientés se distinguent par leur esprit de foi et de soumission à l'autorité de l'Église. Ils ne sont pas exempts de fautes, ils se laissent aller aux excès de la boisson. Mais les scandales reçoivent des châtiments publics. Depuis les chefs jusqu'aux derniers de la tribu, tous s'y soumettent avec respect. Ils demandent eux-mêmes

la pénitence quand elle tarde à venir, parce qu'ils sont heureux d'expier leurs péchés et de recouvrer ainsi la paix de la conscience.

La mission des Oblats au Sault Saint-Laurent dessert surtout un gros village appelé Cangharawaga, presque exclusivement composé d'anciens sauvages. Ses habitants, au nombre de plus de 2,000, sont des débris de l'ancienne tribu des Iroquois, convertis par la Compagnie de Jésus. Après avoir martyrisé plusieurs Jésuites ils se convertirent, et leurs enfants devinrent si fervents qu'ils firent revivre les exemples et les vertus des premiers chrétiens.

A l'époque où il devint impossible à la Compagnie de continuer ces belles œuvres, par suite de sa suppression momentanée, elle les confia au zèle des prêtres séculiers. L'un d'eux, l'abbé Marcoux, de pieuse et chère mémoire, conserva soigneusement les traditions établies, passa trente-six ans avec les sauvages, composa, pour leur idiome, une grammaire, un dictionnaire, un livre de cantiques et de prières, fit construire une belle église, ornée de statues, de reliques, de riches offrandes, envoyées par les rois de France, par le Saint-Père lui-même; puis, à la fin de sa carrière sacerdotale, il demanda que son héritage spirituel fût dévolu à une congrégation religieuse, persuadé qu'on trouverait ainsi plus sûrement des successeurs toujours disposés à perpétuer son ministère. C'est alors que les Pères Oblats furent appelés au Sault Saint-Laurent.

Ils emploient et ils respectent les livres, le modeste mobilier, les usages de leurs devanciers. Comme eux, ils font chanter, dans la langue du pays, les cantiques, les prières, matin et soir, ainsi que les parties de la messe réservées aux fidèles. L'assiduité de leurs ouailles les récompense de leurs travaux. L'assistance à la célébration des saints mystères est nombreuse, même en semaine, les communions sont fréquentes; il est très rare que le devoir pascal ne soit pas accompli.

L'administration temporelle du village est confiée à sept chefs, élus à de longs intervalles. Plusieurs femmes, respectables par l'âge et la vertu, portent le titre de *cheffesses*. Elles surveillent les jeunes personnes et corrigent leurs écarts. L'association de la Sainte-Famille entretient, chez les mères, les pratiques religieuses. La société de tempérance, sous l'invocation de saint Jean-Baptiste, avec ses réunions mensuelles, prémunit les jeunes gens et les hommes contre l'abus des boissons enivrantes. De fervents catholiques secondent les efforts des missionnaires. On cite l'exemple d'un propriétaire canadien appelé Timmius. Un jour il rencontre de bonne heure un ouvrier déjà ivre.

— Eh bien, lui dit-il, tu bois donc toujours? Veux-tu faire un marché? Si tu t'engages à ne plus boire, de mon côté, je promets, tant que Dieu daignera m'en laisser les moyens, de te procurer, chaque année, trois sacs de farine.

— Ainsi soit-il, répondit le fils civilisé des sauvages.

Pendant de longues années, le marché a été tenu de part et d'autre, et l'ancien ivrogne est devenu propriétaire d'un terrain qui a procuré l'aisance à sa nombreuse famille.

A la mission du Labrador, la sollicitude des Oblats s'étend aux Canadiens, aux sauvages convertis, et spécialement aux Montagnais disséminés sur un parcours de deux cent cinquante lieues, au milieu desquelles s'élèvent quarante-quatre chapelles en bois.

Au village des Escoumins, on voit encore la vieille chapelle des Pères Jésuites. Là reposent les précieux restes de plusieurs d'entre eux, morts au champ d'honneur, en civilisant les sauvages. On voit aussi les ruines de leur résidence. Les Canadiens pieux et instruits aiment à s'y rendre, comme à un pèlerinage. Il relève leur courage, leur rappelle un héroïque passé, et leur obtient au ciel la protection de ceux qui ont si bien soutenu sur la terre le bon combat.

Dès que la cloche du village appelle, pendant la semaine, à un exercice religieux, le bruit des ateliers cesse, le mouvement général s'interrompt, le travail est suspendu, tout le monde se dirige vers l'église. Si les Pères sont partis pour des missions, on se réunit toujours deux fois, matin et soir, pour la prière. Les dimanches et fêtes, on récite ensemble les prières, on écoute de pieuses lectures et on fait le Chemin de la Croix.

On reconnaît les Montagnais à leur taille élevée, à leur épaisse et noire chevelure, à leur couleur bronzée, à leur tempérament sanguin. Ils savent lire l'unique livre qu'ils possèdent. Ils y trouvent les cantiques, les prières, la doctrine chrétienne, l'énumération des vices à combattre, des vertus à pratiquer; et, avec ce seul livre, ils se distinguent par la vivacité de leur foi.

Ils fabriquent les vêtements de la famille, les meubles de leur intérieur, chassant, pêchant avec une adresse prodigieuse, et pourvoient très largement à leurs besoins. Ils s'aiment beaucoup, s'entr'aident généreusement, et accueillent avec bonne grâce ceux qui sont dans le besoin. Ils ont horreur du vol, ne jurent jamais, et auraient honte de blasphémer contre le Dieu dont ils bénissent la miséricordieuse tendresse. Pendant la mission, ils entendent la messe chaque jour.

Après le travail, ils récitent le chapelet, écoutant la parole de vie, et assistant au salut. Leur tenue est édifiante, leurs yeux sont modestement baissés. Leurs chants sacrés, en langue montagnaise, sont mélodieux et doux. Les voix des hommes alternent avec celles des femmes.

Suivant un touchant usage répandu au Canada,

non seulement les enfants viennent souhaiter la bonne année à leurs parents, mais ils sollicitent leur bénédiction. Bon nombre, même après leur mariage, font dix et vingt lieues pour aller prier leur père de les bénir. Parfois ces assemblées de famille se composent de trois et quatre générations. Il faut de graves obstacles pour empêcher de s'y rendre, et, quand il y a des absents, le père s'en afflige.

— J'ai une grande peine sur le cœur, disait l'un d'eux ; tous mes enfants sont venus chercher ma bénédiction à l'exception de l'aîné. Ah ! le malheureux, il ne sait pas la peine qu'il me cause !

On rencontre, parmi les Montagnais, des modèles de piété et de vertu, depuis les chefs qui les dirigent jusqu'aux derniers membres de la tribu. Un jour, une Montagnaise, remarquable par ses avantages extérieurs, vint trouver un missionnaire, pour retremper son courage dans la réception des sacrements.

Les larmes dans les yeux, et le cœur brisé de douleur, elle lui parla d'abord de son fils aîné, le

OTTAWA. — BUREAU DE POSTE

soutien de sa famille, si aimé, si regretté de tous, qu'elle venait de perdre, puis elle ajouta :

— Mon Père, j'avais un excellent mari ; le Grand-Esprit l'a retiré de ce monde, lorsque, jeune encore, j'avais six enfants à élever. Bien des mois après mon malheur, un bon chasseur vint me proposer de m'épouser : « Femme, me dit-il, te voilà sans appui, presque sans secours, que vas-tu devenir? Je suis prêt à te rendre heureuse. » Je repoussai ses offres, parce que je pensai que si je me remariais, je ne pourrais plus aimer autant l'époux avec lequel j'ai vécu pendant un certain nombre d'années, lui et les enfants qu'il m'a laissés. Je résolus, dès cette époque, de rester veuve, afin d'être toute à ceux que j'aime en ce monde et dans l'autre.

Quelle délicatesse de sentiments chez cette femme, vraiment forte, parce qu'elle était sérieusement chrétienne !

Un missionnaire reçut un jour une troupe de vingt-cinq Montagnais qui avaient fait deux cents lieues pour s'instruire des vérités de la foi.

— Père, lui dirent-ils, nous arrivons de bien loin, afin de goûter le bonheur de te voir ; nous ne regrettons pas les fatigues du voyage.... Nous te demandons la lumière; nous voulons devenir les enfants de la prière, et nous désirons ardemment être arrosés de l'eau qui purifie.

Pleins d'ardeur pour apprendre les vérités du salut, ils pleuraient de bonheur en recevant le baptême.

Ces faits, cités entre bien d'autres, nous font apprécier les bienfaits inestimables de la Propagation de la Foi. Ils nous montrent les bénédictions accordées par la Providence au zèle et aux travaux des ouvriers évangéliques.

Dès 1844, le Saint Siége résolut de former, en faveur des populations disséminées dans les immenses territoires de la baie d'Hudson et au delà, un vicariat apostolique, érigé en diocèse dès 1847, désigné d'abord sous le nom de diocèse du Nord-Ouest, puis sous celui de Saint-Boniface. Cette dénomination comprend les vastes contrées qui s'étendent de la baie d'Hudson aux Montagnes Rocheuses, et des frontières septentrionales des États-Unis à l'Océan Arctique.

L'Église, toujours désireuse d'étendre le règne de

la vérité, afin d'accomplir dans le monde sa divine mission, ne s'est pas contentée d'envoyer des missionnaires dans ces pays si lointains. Elle y a fondé un collège, des écoles d'instruction primaire, un orphelinat dirigé par les Pères Oblats, un hôpital confié aux Sœurs Grises, etc.

Ce diocèse, érigé en archevêché, est le plus grand qui existe dans le monde. Mgr Taché qui l'administrait adressait à sa pieuse mère, en 1851, sur les habitudes, les mœurs, la langue, les connaissances, les croyances, les défauts, les qualités de ses diocésains, des pages remplies du plus vif intérêt. Nous n'avons pas la place nécessaire pour les reproduire. Nous le regrettons, car il s'exhale de ces pages simplement écrites, un parfum de tendre piété filiale, qui embaume le cœur et le pénètre d'une douce émotion. Lisons au moins les dernières lignes de cette lettre touchante :

« L'heure favorable a sonné, dit Monseigneur, Dieu dans sa miséricorde a envoyé vers ce peuple des ministres pour arborer l'étendard du salut sur les plages inhospitalières qui ne semblaient accessibles qu'à la cupidité. Votre fils, en compagnie d'un véritable ami, a été choisi pour cette noble mission. Il doit continuer l'œuvre commencée par un zélé devancier. Eh bien! je vous le demande, le sort de ce fils est-il si misérable? J'en appelle, non à votre témoignage de mère (je sais qu'à ce tribunal comme à celui de mon cœur de fils, je trouverais une prompte et entière condamnation), mais j'en appelle à vous, comme femme chrétienne. On exalte le bonheur d'une mère dont le fils, dans une tourmente politique, se sera armé du glaive qui tue, pour voler généreusement au secours de ses concitoyens. Eh quoi, le bonheur d'une femme chrétienne sera-t-il moins grand, lorsque son fils, jeune soldat du Seigneur, se sera armé de la croix qui sauve, pour courir au secours de la portion délaissée de la grande famille humaine? M'en voudriez-vous, bonne et tendre mère, d'avoir tiré la conséquence naturelle des principes que vous vous êtes efforcée de graver dans mon cœur, dès les premiers pas que je fis dans la vie? Les jeunes plantes conservent la trace des liens qui les ont unies à leurs tuteurs; ainsi, mon cœur a gardé le souvenir des conseils que vous avez prodigués à mon inexpérience. « Comprends, mon fils, m'avez-vous dit bien des fois, que la plus douce et la plus pure des satisfactions est celle de faire du bien à ses semblables. » Ce bonheur, je l'ai compris, j'en ai joui dans toute sa plénitude, et c'est à vos leçons que je le dois. Voudriez-vous donc me le voir abdiquer? Pour notre consolation mutuelle, disons-nous souvent : « Le doigt de Dieu est ici. »

» Puisse ce Dieu infiniment bon bénir ma mère, et la dédommager au centuple du chagrin que j'ai pu lui causer dans le seul but d'être utile à mes frères! Si la pensée d'être aimé de ceux qu'on chérit est le plus grand adoucissement aux douleurs de l'absence, vous le savez, mon cœur est fait à l'image du vôtre, il aime ardemment Dieu avant tout, et ma mère après Dieu. Ni le temps, ni la distance ne diminuent en rien ma tendresse pour celle qui n'est occupée que de mon bonheur. Adieu, bonne mère, adieu! Qui sait si le Seigneur ne nous réserve pas la joie de nous revoir encore ici-bas? »

En 1862, douze ans après la date de cette lettre, à la prière de Mgr Taché, le Saint-Père, détachant plusieurs contrées du diocèse de Saint-Boniface, créait le vicariat apostolique de la rivière Mackensie,

Nous devons à l'influence du clergé la satisfaction de voir notre nationalité, notre langue se conserver et même s'étendre dans la région des prairies et jusqu'aux Montagnes Rocheuses.

Enfin, le Souverain Pontife a fondé aux extrémités de l'Amérique du Nord, un diocèse dont le siège est Saint-Albert, et dont l'étendue égale au moins celle de la France. Le climat y est souvent d'une extrême rigueur, mais les missionnaires ne se laissent pas arrêter par l'excès des souffrances. Un jour, un vieillard dit à l'un d'eux, dont la figure était littéralement gelée, et qui était venu l'administrer.

— Ah! que je suis heureux que tu sois venu vers nous! Mon cœur aurait pleuré, si tu t'étais montré paresseux. Mais en te voyant, et surtout en considérant ton visage défiguré, je comprends aujourd'hui que ta religion est forte, puisque ni la rigueur du froid, ni les fatigues d'une longue route n'ont pu t'arrêter.

Le 10 janvier 1870, Mgr Grandin, placé à la tête de cet immense diocèse, a écrit à son sujet des lettres dont nous reproduisons les passages suivants :

« Les deux grandes nations sauvages, qui se partagent l'ouest de mon vicariat, sont les Cris et les Pieds-Noirs.

» Nous avons, depuis assez longtemps, entrepris la conversion des Cris des bois, et nous comptons parmi eux plusieurs centaines de bons chrétiens (1), quant aux Cris de la prairie, nous les trouvions si mal disposés que, ne pouvant suffire à tout, nous les avons laissés pour aller à d'autres nations. Mais un de nos Pères, à force d'instances, a obtenu l'autorisation de passer quelques mois au milieu d'eux. Aujourd'hui plus de cinq cents de ces sauvages, enfants ou adultes, sont chrétiens. J'ai confessé des adultes, cet automne, et j'étais émerveillé en voyant leur instruction et leurs vertus chrétiennes. Cette mission promet des fruits abondants.

» Les sauvages de la contrée vivent en société. Le missionnaire est obligé de les suivre dans leurs divers campements, à la merci de leur charité ou plutôt de leurs caprices. Au début, il fallait que comme le sauvage, il n'ait eu de vêtements à chan-

(1) Ce nombre est considérablement augmenté depuis la date de cette lettre. Il en est de même des chiffres, cités plus bas.

ger, et qu'il renonçât au plus petit soulagement, en fait de nourriture. Il buvait l'eau de neige dans des vases dégoûtants, et il subissait tout ce que la malpropreté à de plus pénible.

» Dès que dans les deux grandes missions des Cris et des Pieds-Noirs deux Pères missionnaires ont pu vivre ensemble, la conversion de ces sauvages a fait de grands progrès. »

CONCLUSION

Il nous serait facile de multiplier nos citations, et d'ajouter beaucoup de faits édifiants à ceux que nous avons relatés. Ce que nous avons dit suffit pour atteindre le but que nous nous sommes proposé. Les missions se continuent, et répandent leurs bienfaits partout où elles pénètrent. Chaque année obtient au Canada un précieux contingent de conquêtes. Les âmes, gagnées à la vérité, sont heureuses d'être délivrées des ténèbres de l'ignorance et des vices de la barbarie.

En résumé, à l'exception de quelques peuplades encore sauvages, qui mènent dans le nord de l'Amérique une misérable existence, les Canadiens sont civilisés. Ils doivent ce bonheur au catholicisme, et c'est la France qui a eu l'insigne honneur de porter dans ces contrées les lumières de l'Évangile, réalisant une fois de plus, en leur faveur, l'adage si connu : *Gesta Dei per Francos* (les exploits de Dieu par les Francs).

L'histoire de la France au Canada et spécialement celle de ses missionnaires offrent de précieux enseignements. Voilà pourquoi leurs récits occupent une grande place dans notre ouvrage. Ils montrent, comme l'annonçait notre préface, la puissance de la vérité pour la prospérité des nations, et l'influence des sacrifices offerts à Dieu pour faire triompher la justice et la vérité. Ces deux biens suprêmes de l'humanité dominent tous les autres. Aussi les Canadiens catholiques, riches de ce double trésor, s'efforcent-ils de le propager et de convertir les dissidents. La régularité de leur conduite, leur esprit d'ordre, leur amour de la famille, leur attachement au sol sur lequel ils ont vécu, attirent à leurs convictions les esprits sérieux et impartiaux. Pendant que les laïques exercent sur leurs voisins le fécond apostolat d'une vie vraiment chrétienne, le clergé complète la démonstration de la supériorité du catholicisme, en multipliant les foyers de charité, les écoles, les collèges, les établissements hospitaliers, les associations d'instruction religieuse, les sanctuaires qui manifestent à tous les regards la bienfaisante activité de la vraie religion, et les foules reviennent à elle, comme les enfants courent à une mère d'autant plus aimée, qu'ils ont plus souffert d'en être séparés.

Quand nous voyons nos anciens compatriotes s'élever si haut dans l'estime des peuples, nous sommes fiers du rang qu'ils occupent dans le monde. Nous les félicitons d'avoir su conserver, sous la domination étrangère, les traditions sacrées de la patrie et de la foi. Nous éprouvons pour eux le plus vif attrait, parce que nous comprenons combien ils sont dignes de notre attachement. La sympathie qu'ils nous inspirent nous porte à former les vœux les plus ardents pour leur bonheur. Nos souhaits seront exaucés, s'ils préservent de toute atteinte les bases essentielles de leur supériorité morale. Sans doute, mettant à profit les découvertes des sciences et des arts, ils multiplieront leurs voies de communication, en les améliorant, ils perfectionneront leur agriculture, développeront leur industrie, étendront leurs relations commerciales. Par la variété de leurs connaissances et la rectitude de leur jugement, ils contribueront à la bonne administration du pays, et ils exerceront sur ses destinées un ascendant toujours plus considérable.

Si nous jetons un regard sur la superficie actuelle du Canada ou Dominion, nous voyons qu'elle égale presque celle de l'Europe. Elle comprend environ 8,988,000 kilomètres carrés.

Sa population de 4,500,000 habitants compte dans ce chiffre 1,500,000 Canadiens d'origine française.

Aujourd'hui ce vaste pays jouit d'une complète autonomie. Le lien qui le rattache à l'Angleterre, c'est son gouverneur général, nommé tous les cinq ans, par la reine. Son traitement est à la charge du budget de la Confédération dont les ressources consistent dans le revenu des douanes.

Les Canadiens ne paient aucun impôt foncier, mais les habitants des villes sont astreints à une contribution.

Le pays est administré par un Conseil des ministres, nommé par le gouverneur général, et choisi dans la majorité du Parlement.

Le Parlement se compose d'un Sénat de soixante-dix-sept membres, élus à vie par le gouverneur, et d'une Chambre des Communes, de deux cent onze membres, nommés par les électeurs.

Le gouverneur général répartit les dépenses entre les provinces.

Chacune d'elles est administrée par un lieutenant gouverneur, désigné par le gouverneur général. Il est assisté par un Conseil des ministres et par une Assemblée législative, composée de sénateurs à vie et de députés, éligibles tous les quatre ans, à l'exception de ceux de Québec, dont les pouvoirs durent cinq années.

Les provinces d'Ontorio, de Manitoba et la Colombie Britannique n'ont pas de pouvoir législatif.

L'Assemblée législative provinciale est indépendante du Parlement fédéral en ce qui concerne les lois civiles de la province, et l'administration des terrains appartenant au pays avant l'existence de la Confédération.

Pour chaque enfant de sept à quatorze ans, les pères de famille sont obligés de payer une cotisation, employée à couvrir les frais d'instruction.

La milice se compose de volontaires. Deux mille hommes de troupes régulières résident à Halifax. Ils sont à la charge du gouvernement britannique.

La marine marchande possède plus de 7,500 navires. Le Canada occupé le quatrième rang parmi les puissances maritimes.

Ces chiffres sont empruntés au rapport de M. Agostini. L'auteur ajoute :

« L'avenir du Canada ne nous semble pas douteux. Le pays est destiné à suivre l'exemple de la Nouvelle-Angleterre, sa voisine, aujourd'hui les États-Unis. Un jour, l'ancienne Nouvelle-France deviendra un état indépendant, s'il ne se désagrége peu à peu, pour aller grossir la Confédération américaine ; seulement, cette fois, l'événement aura lieu sans secousse, comme se détache un fruit mûr. L'Angleterre elle-même, à laquelle il n'est soudé que par de faibles liens, laissera se transformer l'autonomie en indépendance, quand cet immense pays sera devenu assez fort pour se passer de l'égide britanniqne.

» Le Canada est ouvert. Son gouvernement convie le vieux monde à venir y prendre place. Peuplé de quatre millions et demi, il pourrait contenir cent millions d'habitants. . . . .

. . . .

» Son commerce croît dans des proportions considérables, ses usines s'élèvent de tous côtés. Des villes se fondent, des mines se découvrent. Maintenant on peut le parcourir d'un bout à l'autre en cinq jours. Tout cela est bien fait, ce nous semble, pour attirer l'attention des peuples trop à l'étroit dans leurs anciennes limites. »

Mais, par-dessus tout, ils auront soin de se pénétrer chaque jour davantage de l'esprit du catholicisme, d'y conformer toujours leur conduite en le préservant de toute atteinte dans leur esprit et dans leur cœur.

Soucieux à juste titre du sort des ouvriers qui vivent des produits de leurs travaux manuels, du soulagement des pauvres, de l'assistance de tous ceux qu'on appelle les déshérités d'ici-bas, ils n'oublieront pas les conditions essentielles du progrès matériel et moral, c'est-à-dire l'ordre, le repos des jours fériés, l'esprit de famille, et la pratique des vertus prescrites par la loi divine. Prémunis par ces principes fondamentaux de toute société bien organisée, ils se garderont d'accueillir les conseils perfides des hommes qui les conduiraient à la ruine par la voie large de la débauche des passions et de l'impiété. Ils continueront à placer les intérêts spirituels au premier rang de leurs préoccupations. Cherchant avant tout le royaume de Dieu, ils obtiendront le reste par surcroît : car la meilleure source du bonheur se trouve dans l'accomplissement du devoir, puisqu'il donne à la vie présente la sérénité, l'honneur, la paix de la conscience, et prépare la félicité éternelle à la vraie vie, à celle qui ne finit pas.

Notre étude sommaire sur le Canada est terminée. Nous l'avons étendue bien au delà des contrées, connues autrefois sous le nom de la *Nouvelle-France,* parce qu'il nous a paru intéressant de connaître et de suivre par la pensée les courses, les travaux héroïques des missionnaires, la plupart nos compatriotes. De nos jours encore ils s'expatrient, et vont chercher les Canadiens, pour les éclairer, au prix de souffrances et de sacrifices inouïs. Ils ne se laissent décourager ni par le chagrin de s'éloigner de leur famille, de leur patrie, ni par les périls semés dans les déserts, ni par les privations qui les attendent dans les pays les plus septentrionaux de l'Amérique. Ils s'adonnent à sauver les indigènes, avec bien plus d'ardeur que les vigoureux pionniers des États-Unis n'en apportent à défricher le sol dont ils veulent jouir. Leurs grands exemples élèvent les âmes, fortifient les sentiments généreux et inspirent la plus sympathique admiration.

FIN

TABLE DES MATIÈRES

— Lille. Typ. A. Taffin-Lefort. 9 —

www.ingramcontent.com/pod-product-compliance
Ingram Content Group UK Ltd.
Pitfield, Milton Keynes, MK11 3LW, UK
UKHW021045220726
13924UKWH00005B/2016